Basic 1

Doc: Basic 1 Ver.: 20200327 Copyright 2020, ShareLingo

© 2020 James Archer

All rights reserved. No part of this publication may be reproduced, distributed or transmitted in any form or by any means, including photocopying, recording or other electronic or mechanical methods, without the prior written permission of the publisher, except in the case of brief quotations embodied in reviews and certain other non-commercial uses permitted by copyright law.

www.ShareLingo.com/LessonBooks

About ShareLingo's Mission

The ShareLingo Project is a social enterprise based in Denver Colorado that specifically focuses on helping English and Spanish speakers meet and practice with each other. We will work with other languages "some day". The larger goal is to break down tension and barriers – to promote the idea that we can all live and work side-by-side regardless of race, religion, gender, sexuality, country of origin, or any other factor.

For more information about The ShareLingo Project's mission and goals, please order a copy of *Beyond Words* by ShareLingo's founder James Archer. All profits will help organizations that support and encourage diversity and inclusion.

Beyond Words was ranked #1 on Amazon in the category of Sociology of Race Relations and can help schools, hospitals, institutions, businesses, churches and our community in general.

http://bit.ly/ArcherBooks

Scan this code

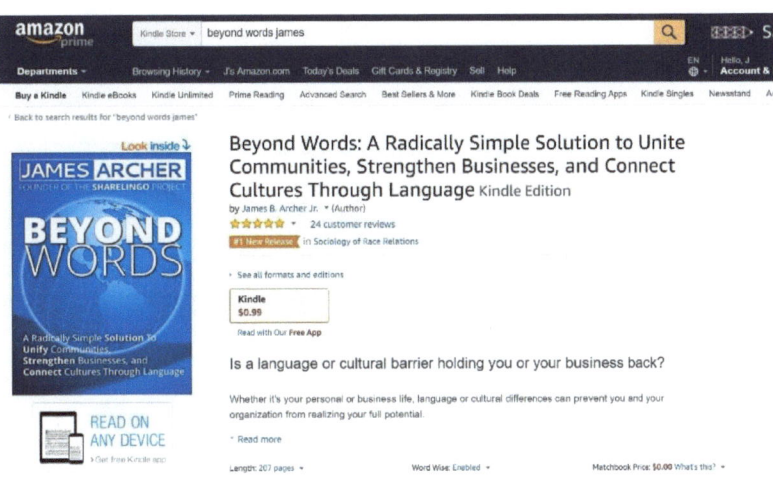

BIENVENIDO A SHARELINGO!

I don't take it lightly that you've invested in this program. And I can assure you that our team has been working nonstop to make this a world-class experience for you.

That's why I'm excited for you. This investment in ShareLingo marks the beginning of YOUR journey. So take comfort in that you are exactly where you need to be and you're surrounded by an absolutely incredible group of people who will support you to the end of that journey.

Now one thing you'll notice about ShareLingo is that we are very "hands on". Meaning, we are fully committed to your success and that means we are hyper engaged in all aspects of the course delivery. I tell you that because what you'll get from this experience is equal to what you put in.

Even more, you're now tapping into a community full of wisdom and insights as it relates to finally being able to speak Spanish with CONFIDENCE. That's why I encourage you to get to know the rest of the ShareLingo family. They are incredible and the communities they are working with are incredible too.

So welcome my friend. It's going to be a blast and I'm so looking forward to supporting you through this amazing experience.

Saludos,

James Archer

BIENVENIDO A SHARELINGO!

No tomo a la ligera que hayas invertido en este programa. Y puedo asegurarte que nuestro equipo ha estado trabajando sin parar para hacer de esto una experiencia de primera clase para usted.

Es por eso que estoy emocionado por ti. Esta inversión en ShareLingo marca el comienzo de TU viaje. Así que siéntete cómodo porque estás exactamente donde necesitas estar y estás rodeado por un grupo absolutamente increíble de personas que te apoyarán hasta el final de este viaje.

Ahora, una cosa que notarás sobre ShareLingo es que somos muy "prácticos". Es decir, estamos totalmente comprometidos con tu éxito y eso significa que estamos muy comprometidos con todos los aspectos de la entrega del curso. Te lo digo porque lo que obtienes de esta experiencia es igual a lo que pones.

Aún más, ahora estás aprovechando una comunidad llena de sabiduría y conocimientos en lo que respecta a finalmente poder hablar inglés con CONFIANZA. Es por eso que te animo a que conozcas al resto de la familia ShareLingo. Son increíbles y las comunidades con las que trabajan son increíbles también.

Así que bienvenido mi amig@. Va a ser una maravilla y estoy ansioso por apoyarte en esta increíble experiencia.

Saludos,

James Archer

WELCOME TO SHARELINGO
BIENVENIDO(A) A SHARELINGO

The ShareLingo Project was developed to help people PRACTICE together.

For many people learning Spanish, the biggest barrier is not vocabulary or grammar... The biggest barrier is confidence speaking. And that means they just need more practice – with native speakers. Well, native Spanish speakers who want to speak English are in the same boat. They need confidence speaking too.

While the bilingual lessons in this book can certainly be used "stand alone", they were created as part of *The Spanish Success Path* course and membership developed by The ShareLingo Project.

ShareLingo developed and teaches a simple 4-part METHOD for English and Spanish speakers to use to practice together. This method ensures that both parties are getting "equal time" and that they can progress rapidly.

There are thousands of options for learning vocabulary and grammar – but what use are they if you still don't have any confidence speaking with native Spanish speakers?

If you would like more information about The ShareLingo Project, The Spanish Success Path, or the ShareLingo Method, please visit this link: www.iShareLingo.com

---

El proyecto ShareLingo fue desarrollado para ayudar a las personas a practicar juntos.

Para muchas personas que aprenden inglés, la barrera más grande no es el vocabulario o la gramática... La barrera más grande es hablar con confianza. Y eso significa que solo necesitan más práctica, con hablantes nativos. Bueno, los hablantes nativos de inglés que quieren hablar español están en el mismo barco. Necesitan confianza hablando también.

Si bien las lecciones bilingües en este libro pueden ser utilizadas "de manera independiente", se crearon como parte del curso y la membresía de El *Camino del Éxito de inglés* desarrollado por El Proyecto ShareLingo.

ShareLingo desarrolló y enseña un MÉTODO simple de 4 partes para que los hablantes de inglés y español lo usen para practicar juntos. Este método garantiza que ambas partes obtengan "el mismo tiempo" y que puedan progresar rápidamente.

Hay miles de opciones para aprender vocabulario y gramática, pero ¿de qué sirven si todavía no tienes confianza para hablar con hablantes nativos de inglés?

Si desea obtener más información sobre The ShareLingo Project, El *Camino del Éxito de inglés*, o El Proyecto ShareLingo, visite este enlace: www.iShareLingo.com/espanol

WELCOME TO SHARELINGO
BIENVENIDO(A) A SHARELINGO

Course Description: ShareLingo was designed to help you improve your communication skills in your target language through different activities, such as personalized discussions, videos, readings, online exercises, etc.

We will help you:

- Understand your motivation for learning Spanish
- Find a Native Spanish speaker who you can practice with.
- Learn how to practice efficiently and effectively
- Enjoy the process

Things to remember:

- **We all have the ability to learn a new language.** If you can learn a new word in English, you can learn a new word in Spanish. It is the same part of the brain.

- To speak a new language, you need two things – foundation and practice.
- Foundation gives you the Vocabulary and Grammar. You can learn that "Good Morning" is "Buenos Dias".
- There are hundreds of places to build vocabulary and grammar. Classes, Online (like DuoLingo),

Descripción del curso: ShareLingo fue diseñado para ayudarle a mejorar sus competencias comunicativas en otro idioma, a través del desarrollo de diferentes actividades como discusiones personalizadas, videos, lecturas, ejercicios en línea, etc.

Le ayudaremos:

- Comprender su motivación para aprender español
- Encuentra un hablante nativo de inglés con quien puedes practicar
- Aprenda a practicar de manera eficiente y eficaz
- Disfruta del proceso

Cosas para recordar:

- **Todos tenemos la posibilidad y habilidad para aprender un nuevo idioma.** Si puedes aprender una nueva palabra en español, puedes aprender una nueva palabra en inglés. Es la misma parte del cerebro.

- Para hablar un nuevo idioma, necesita dos cosas: las bases fundamentales y la práctica.
- Las bases fundamentales te dan el vocabulario y la gramática. Puede aprender que "Buenos Días" es "Good Morning".
- Hay cientos de lugares para construir vocabulario y gramática. Clases, en línea (como DuoLingo),

WELCOME TO SHARELINGO

BIENVENIDO(A) A SHARELINGO

CDs, Rosetta Stone, etc. Great. Do those. Begin!

- But if you want to speak with confidence to a real person – you have to PRACTICE with a real person. You won't have confidence saying "Buenos días" to someone until you have done it.

- Approaching someone to "test" your language skills can be scary, and is the one thing that holds the most people back. But unless you can practice, you are destined to fail. Remember high school?

- This is not just with language! Suppose you want to learn to play tennis. To really play, you have to practice with a PERSON.

- ShareLingo is the place to PRACTICE Spanish with a real person.

- Practice involves both LISTENING and SPEAKING.

- This program is different than any language program you have tried before.

- This program will teach you how to practice both listening and speaking with your partner.

CD's, Rosetta Stone, etc. Genial. Haz esos. ¡Comienza!

- Pero si quiere hablar con confianza a una persona real, tiene que PRACTICAR con una persona real. No tendrá confianza diciendo "Good Morning" a alguien hasta que lo haya hecho.

- Acercarse a alguien para "probar" sus habilidades de lenguaje puede ser aterrador, y es la única cosa que retiene a la mayoría de la gente. Pero a menos que pueda practicar, está destinado a fallar. ¿Recuerda la secundaria?

- ¡Esto no es sólo con el lenguaje! Supongamos que quiere aprender a jugar al tenis. Para jugar realmente, tiene que practicar con una PERSONA.

- ShareLingo es el lugar para PRACTICAR el inglés con una persona real.

- La práctica implica tanto ESCUCHAR y HABLAR.

- Este programa es diferente de cualquier programa de idioma que haya probado antes.

- Este programa le enseñará a practicar, tanto como a escuchar y a hablar con su compañero.

WELCOME TO SHARELINGO
BIENVENIDO(A) A SHARELINGO

• It will also teach you how to FIND people to practice with you!	• ¡También le enseñará a ENCONTRAR personas a practicar con usted!

For your safety

THE SHARELINGO PROJECT encourages people from all walks of life to exchange their languages and cultures with other people.

While ShareLingo encourages daily interaction between participants, it is important for your safety that you only meet with other participants in a safe and public location.

Whenever you meet with a practice partner, remember that you do so at your own risk, and be careful.

Para su seguridad

El PROYECTO SHARELINGO anima a gente de todos los ámbitos de la vida a intercambiar su idioma y cultura con otras personas.

Si bien ShareLingo recomienda la interacción diaria entre los participantes, es importante para su seguridad que sólo se presente con otros participantes en una locación segura y pública.

Siempre que se reúna con un compañero de práctica, recuerde que lo hace bajo su propio riesgo, y tenga cuidado.

WELCOME TO SHARELINGO

BIENVENIDO(A) A SHARELINGO

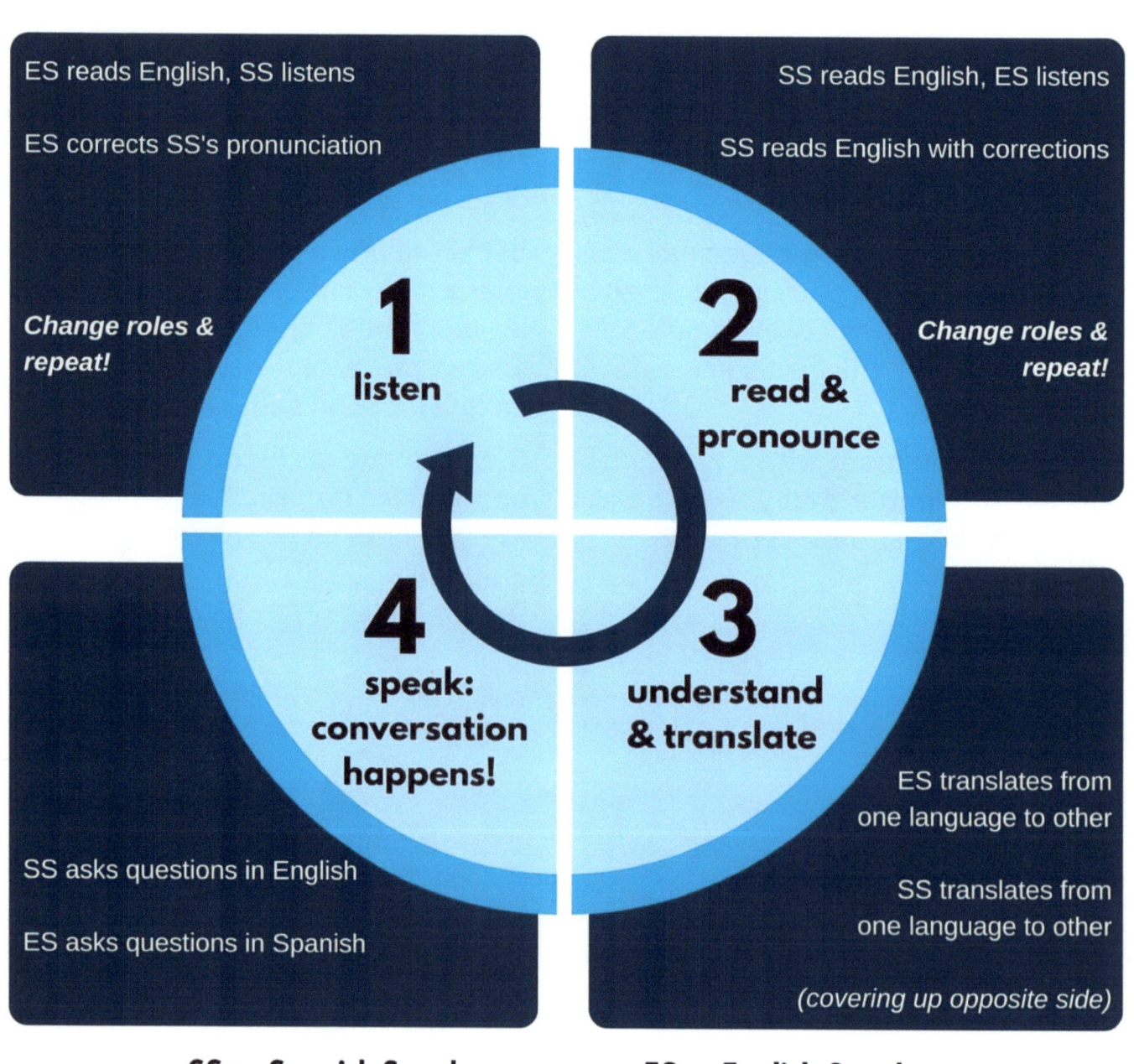

WELCOME TO SHARELINGO

BIENVENIDO(A) A SHARELINGO

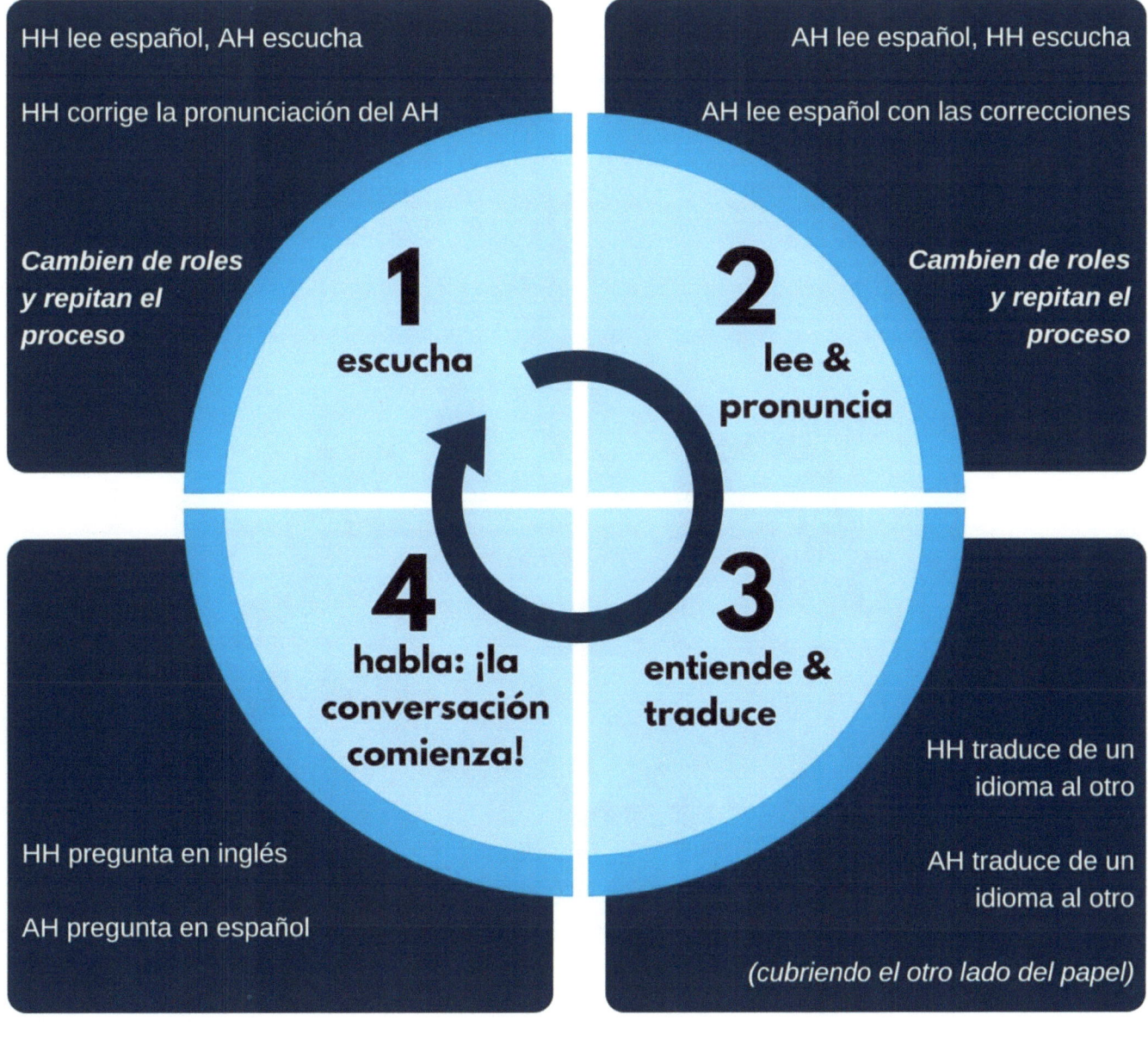

LESSON 1: INTRODUCING YOURSELF

LESSON 01
INTRODUCING YOURSELF

Lesson Objective
Learning different ways to introduce yourself.

Vocabulary

1. Good morning
2. My name is
3. I am from
4. Nice to meet you.
5. Nice to meet you too!
6. Welcome

LECCION 01
PRESENTÁNDOTE

Objetivo de la lección
Aprender diferentes maneras de presentarse.

Vocabulario

1. Buenos días
2. Mi nombre es
3. Yo soy de
4. ¡Mucho gusto!
5. ¡El gusto es mío!
6. Bienvenido

LESSON 1: INTRODUCING YOURSELF

INTRODUCING YOURSELF

CONVERSATION ONE

Amna: Good morning
James: Hello
Amna: Nice to meet you.
   My name is _____.
James: Hi, I'm _____.
   Nice to meet you too.
Amna: What's your name again?
James: My name is _____.
Amna: How are you?
James: I'm fine, thank you, and you?
Amna: I am doing fine.
James: So, where are you from?
Amna: I am from _____
James: What do you do?
Amna: I am a student/I am a teacher / I work in construction/ I am a housewife, (other).

James: Where do you live?
Amna: I live in _____
James: How old are you?
Amna: I am _____ years old.
James: Ok, thank you!
Amna: I am afraid I have to go.
James: See you soon.
Amna: Bye

PRESENTÁNDOTE

CONVERSACIÓN UNO

Amna: Buenos días.
James: Hola
Amna: Mucho gusto.
   Me llamo _____.
James: Mi nombre es _____.
   Es un placer conocerte.
Amna: ¿Cómo dijiste que te llamas?
James: Mi nombre es _____.
Amna: ¿Cómo estás?
James: Bien, gracias. ¿Y tú?

Amna: Bien, bien.
James: Y ¿De dónde eres?
Amna: Yo soy de _____
James: ¿A qué te dedicas?
Amna: Yo soy estudiante / Yo soy maestro / Yo trabajo en construcción / Yo soy ama de casa, (otros).
James: ¿Dónde vives?
Amna: Vivo en _____
James: ¿Cuántos años tienes?
Amna: Yo tengo _____ años.
James: Ok, gracias.
Amna: Lo lamento, me tengo que ir.
James: Nos vemos pronto.
Amna: Adiós.

LESSON 1: INTRODUCING YOURSELF

CONVERSATION TWO

Change partner and make changes to the following conversation. Create a crazy conversation

James: Good morning

Simon: Hello

James: Nice to meet you. My name is_____ (Madonna, Justin Bieber, Marilyn Monroe, Angelina, Robert De Niro, Tom Hanks …)

Simon: Hi, I'm _____ (Madonna, Justin Bieber, Marilyn Monroe, Angelina, Robert De Niro, Tom Hanks …)

James: Nice to meet you too.

Simon: What's your name again?

James: My name is_____.
(same one you have chosen)

Simon: How are you?

James: I'm fine, thank you, and you?

Simon: I am doing fine.

James: So, where are you from?

Simon: I am from _____ (Canada, Australia, Morocco, Congo, Comoros, Suriname…)

James: What do you do?

CONVERSACION DOS

Cambia de compañero(a) y haz cambios a la conversación. Crea una conversación loca.

James: Buenos días

Simon: Hola

James: Mucho gusto. Me llamo _____. (Madonna, Justin Bieber, Marilyn Monroe, Angelina, Robert De Niro, Tom Hanks …)

Simon: Hola, mi nombre es_____. (Madonna, Justin Bieber, Marilyn Monroe, Angelina, Robert De Niro, Tom Hanks …)

James: Es un placer conocerte.

Simon: ¿Cómo me dijiste que te llamas?

James: Mi nombre es_____.
(mismo nombre que ya escogiste)

Simon: ¿Cómo estás?

James: Bien, gracias. ¿Y tú?

Simon: Bien, bien.

James: Y ¿De dónde eres?

Simon: Yo soy de _____ (Canadá, Australia, Marruecos, Congo, Comoro, Surinam…)

James: ¿A qué te dedicas?

LESSON 1: INTRODUCING YOURSELF

Simon: I am a _____ (belly dancer, embalmer, ice cream taster, head hunter…other).

James: Where do you live?
Simon: I live in _____ (Italy, France, Alaska, Germany, other)
James: How old are you?
Simon: I am _____ (15, 85, 102, 20, other) years old.
James: Ok, thank you!
Simon: I am afraid I have to go.
James: See you soon.
Simon: Bye.

Simon: Yo soy _____ (bailarina del vientre, embalsamador/a, catador/a de helado, caza talentos, otros).
James: ¿Dónde vives?
Simon: Vivo en _____ (Italia, Francia, Alaska, Alemania, otro)

James: ¿Cuántos años tienes?
Simon: Yo tengo _____ (15, 85, 102, 20, otro) años.
James: Ok, gracias.
Simon: Lo lamento, tengo que irme
James: Nos vemos pronto.
Simon: Adiós.

LESSON 1: INTRODUCING YOURSELF

CONVERSATION THREE

Change partner again. Read and make changes to the following conversation. Create a crazy conversation

Simon: _____.
Rocio: _____.
Simon: Good to see you!
Rocio: It has been a long time.
Simon: Sorry, but…what's your name again?
Rocio: No problem. My name is_____ ((Madonna, Justin Bieber, Marilyn Monroe, Angelina, Robert De Niro, Tom Hanks …)
Simon: Yeah right. Sorry. What have you been up to all these years?
Rocio: _____
Simon: It was really nice to see you.
Rocio: _____
Simon: Till_____
Rocio: Yeah. Nice to see you too.
Simon: Have a _____
Rocio: _____

CONVERSACION TRES

Cambia de nuevo de compañero(a). Lee y haz cambios a la conversación – crea una conversación loca.

Simon: _____.
Rocio: _____.
Simon: ¡Me alegra verte!
Rocio: Ha pasado mucho tiempo.
Simon: Perdón, pero ¿me podrías recordar tu nombre?
Rocio: No te preocupes. Mi nombre es _____. (Madonna, Justin Bieber, Marilyn Monroe, Angelina, Robert De Niro, Tom Hanks …)
Simon: Sí, ya me acuerdo. Mil disculpas ¿Qué has sido de ti todos estos años
Rocio: _____
Simon: Que bueno volverte a ver.
Rocio: _____
Simon: Hasta _____
Rocio: Sí, que bueno verte también.
James: Que tengas _____
Rocio: _____

HOMEWORK

1. Practice each phrase in front of a mirror.
2. Bring in at least three more different greetings, and answers

TAREA

1. Practica frente al espejo cada una de las oraciones.
2. Trae a clase por lo menos tres formas diferentes de saludar, despedirse y responder.

Doc: Basic 1   Version: 20200327

LESSON 1: INTRODUCING YOURSELF

English

_____
_____
_____
_____
_____
_____
_____
_____
_____
_____
_____
_____
_____
_____
_____
_____
_____
_____
_____

Español

_____
_____
_____
_____
_____
_____
_____
_____
_____
_____
_____
_____
_____
_____
_____
_____
_____
_____
_____

LESSON 1: INTRODUCING YOURSELF

English

Español

LESSON 1: INTRODUCING YOURSELF

English

Español

LESSON 1: INTRODUCING YOURSELF

English

Español

LESSON 2: FAMILY TREE

LESSON 02
FAMILY TREE

Lesson Objective
- Learning how to describe others
- Building a family tree.

Vocabulary
1. brother, sister, siblings
2. cousin
3. aunt / uncle
4. niece / nephew
5. mother / mom
6. father / dad
7. stepfather / stepmother
8. sister-in-law / brother-in-law
9. mother-in-law / father-in-law
10. husband / wife, spouse
11. child / children
12. godfather / godmother
13. grandfather / grandmother
14. godson / goddaughter
15. son-in-law / daughter-in-law
16. grandson / granddaughter / grandchildren
17. son / daughter
18. pet

LECCIÓN 02
ÁRBOL GENEALÓGICO

Objetivo de la lección
- Aprender a describir a otros.
- Crear tu árbol familiar.

Vocabulario
1. hermano, hermana, hermanos
2. primo / prima
3. tía / tío
4. sobrina / sobrino
5. madre / mamá
6. padre / papá
7. padrastro / madrastra
8. cuñada / cuñado
9. suegra / suegro
10. esposo / esposa, cónyuge
11. hijo / hijos
12. padrino / madrina
13. abuelo / abuela
14. ahijado / ahijada
15. yerno / nuera
16. nieto / nieta / nietos
17. hijo / hija
18. mascota

LESSON 2: FAMILY TREE

FAMILY TREE
Sentence Practice

1. I am _____. This is my family.
2. He is my father.
3. She is my mother.
4. I am with my mom, dad, brother, and sister.
5. Buster is our pet.
6. You are my son.
7. They are my niece and nephew.
8. My niece and nephew are always happy.
9. We are a family.
10. My two brothers and one sister are my best friends.
11. She is my grandmother.
12. My grandmother has a lot of grandchildren.
13. I am married.
14. She is my wife/He is my husband.
15. My wife/husband is here with me.
16. I am the oldest child in my family. My siblings are 12 and 14 years old.
17. The children of your aunts and uncles are your cousins.
18. Your spouse's brothers and sisters are your brothers-in-law and sisters-in-law.
19. They are my in laws.

ÁRBOL GENEALÓGICO
Practica con frases

1. Yo soy _____. Esta es mi familia.
2. Él es mi papá.
3. Ella es mi madre.
4. Estoy con mi madre, padre, hermano, y hermana.
5. Buster es nuestra mascota.
6. Eres mi hijo.
7. Ellos son mi sobrina y sobrino.
8. Mis sobrinos siempre están felices.
9. Somos una familia.
10. Mis dos hermanos y mi hermana son mis mejores amigos.
11. Ella es mi abuela.
12. Mi abuela tiene muchos nietos.
13. Soy casado/a.
14. Ella es mi esposa. Él es mi esposo.
15. Mi esposa/esposo está aquí conmigo.
16. Soy el hijo mayor de la familia. Mis hermanos tienen 12 y 14 años.
17. Los hijos de tus tías y tíos son tus primos.
18. Los hermanos y hermanas de tu cónyuge son tus cuñados y cuñadas.
19. Ellos son mis suegros.

LESSON 2: FAMILY TREE

Fill in the blanks according to your family or make up the answers.
1. My parents have _____ (number) _____.
2. The children of your children are called _____.
3. When you get married, you have a _____.
4. An uncle _____ the brother of your mom or dad.

Llena los espacios de acuerdo los antecedentes de tu familia o inventa las respuestas.
1. Mis padres tienen _____ (número) _____.
2. Los hijos de tus hijos son _____.
3. Cuando te casas, tienes un _____.
4. Un tío _____ el hermano de tu madre o padre.

Tips for life
"Ohana means family. Family means nobody gets left behind or forgotten."
Lilo and Stitch movie.

_____

Claves para la vida
Ohana significa familia. Familia significa que nadie se deja atrás o se olvida.
Pelicula Lilo y Stitch

LESSON 2: FAMILY TREE

Connect the family members from the following list with the ones to the right. Pronounce all of them one more time.

1. brother, sister, siblings
2. cousin
3. aunt, uncle
4. niece, nephew
5. mother / mom
6. father / dad
7. stepfather / stepmother
8. sister-in-law / brother-in-law
9. mother-in-law / father-in-law
10. pet
11. husband / wife, spouse
12. child, children
13. godfather, godmother
14. grandfather, grandmother
15. godson, goddaughter
16. son-in-law, daughter-in-law
17. grandson, granddaughter, grandchildren
18. son, daughter

Conecta los miembros de la familia de la siguiente lista con los de la izquierda. Pronúncialos todos una vez más.

1. cuñada / cuñado
2. suegra / suegro
3. mascota
4. abuelo, abuela
5. ahijado, ahijada
6. hijastro, hijastra
7. nieto, nieta, nietos
8. hijo, hija
9. hermano, hermana, hermanos
10. primo / prima
11. tía, tío
12. sobrina / sobrino
13. madre, mamá
14. padre, papá
15. esposo / esposa, cónyuge
16. hijo, hijos
17. padrino, madrina
18. padrastro / madrastra

LESSON 2: FAMILY TREE

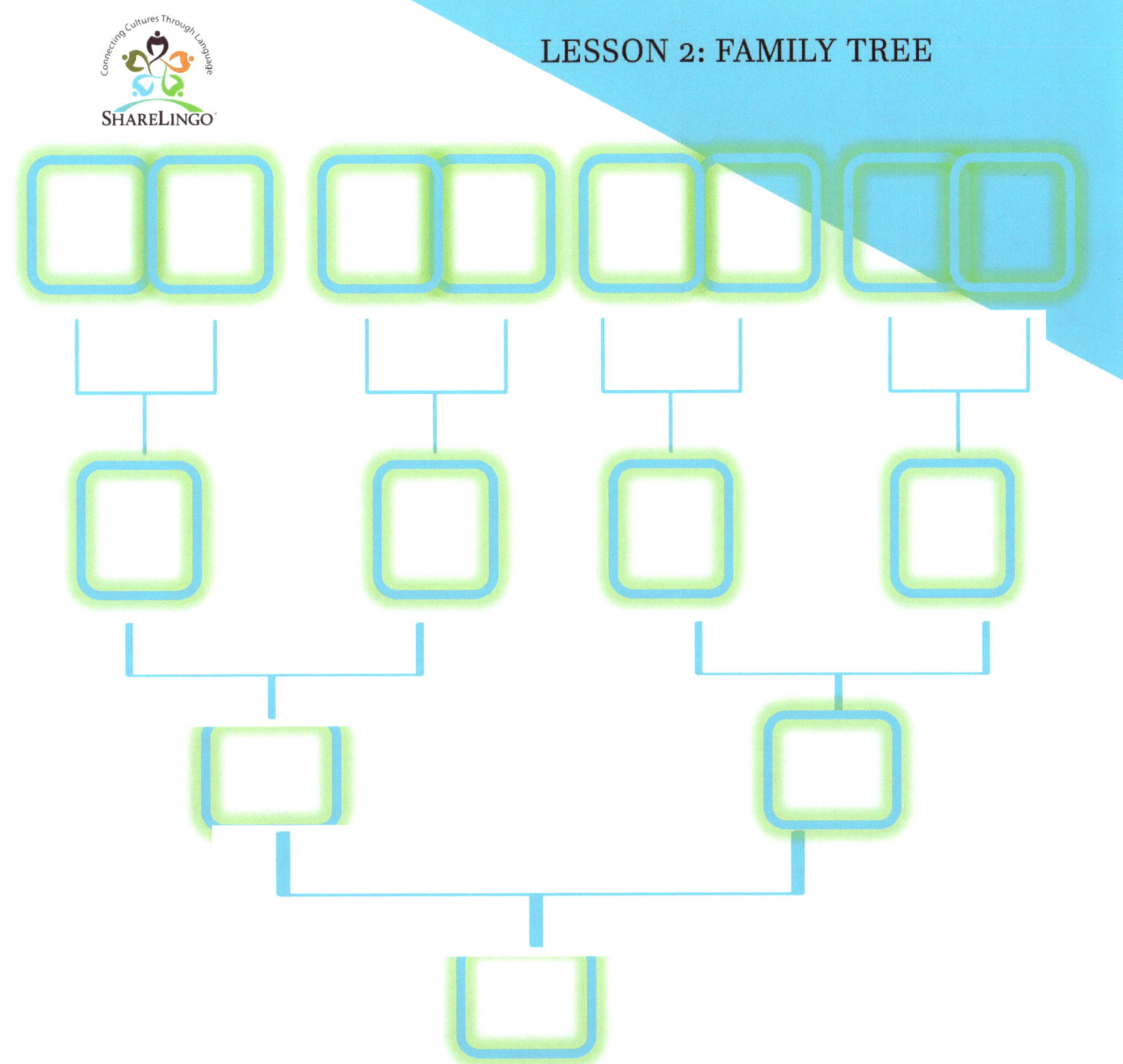

Pick any one of the boxes below to represent you and your family. Then fill in the other spaces according to their connection with you. Add more spaces if needed.

Elige cualquier de los cuadros abajo para representarte a ti mismo y a tu familia. Luego, llena los espacios según la conexión que cada integrante tiene contigo. Agrega más espacios si necesitas.

LESSON 2: FAMILY TREE

HOMEWORK

1. Following the examples from the lesson, write down five sentences describing your family.

2. Improve the family tree that you made in class, add pictures and be ready to present it next class.

3. **Write sentences about your family based on the models below.**

Becky is my sister.

My grandparents are José and Maria.

I have ____ brothers and _____ sisters.

She is my sister. My sister's brother is my_____

He is my nephew. My mother's nephew is my_____

_____
_____
_____
_____
_____
_____

TAREA

1. Siguiendo los ejemplos de la lección escribe cinco oraciones describiendo tu familia.

2. Mejora el árbol familiar que hiciste en clase, colócale fotos y prepárate para presentarlo en la próxima clase.

3. **Redacta oraciones acerca de tu familia según los ejemplos abajo.**

Becky es mi hermana.

Mis abuelos son José y Conchita.

Yo tengo _____ hermanos y ___ hermanas.

Ella es mi hermana. El hermano de mi hermana es mi _____

Él es mi sobrino. El sobrino de mi mamá es mi _____

_____
_____
_____
_____
_____
_____

LESSON 2: FAMILY TREE

English

Español

LESSON 2: FAMILY TREE

English

Español

LESSON 2: FAMILY TREE

English

Español

LESSON 2: FAMILY TREE

English

Español

LESSON 3: WH QUESTIONS

LESSON 03
WH – QUESTIONS

Lesson objective
Learning to ask questions

Vocabulary

1. What?
2. Who?
3. How?
4. Where?
5. Why?
6. Which?
7. How much?
8. How many?
9. Whose?
10. When?
11. Do you speak…?
12. Do you want/have…?
13. Do you…?
14. Does she…?
15. Does he…?

LECCION 03
PREGUNTAS

Objetivo de la lección
Aprender a hacer preguntas

Vocabulario

1. ¿Qué?
2. ¿Quién/quiénes?
3. ¿Cómo?
4. ¿Dónde?
5. ¿Por qué?
6. ¿Cuál? ¿Cuáles?
7. ¿Cuánto? (-a)
8. ¿Cuántos? (-as)
9. ¿De quién? ¿De Quines?
10. ¿Cuándo?
11. ¿Tu hablas…?
12. ¿Quiéres/tienes …?
13. ¿Tu…?
14. ¿Ella…?
15. ¿Él …?

LESSON 3: WH QUESTIONS

WH – QUESTIONS
Conversation 1
Practice the following conversation with a partner.

David: Hello, what's your name?
Julia: My name is _____
David: Where are you from?
Julia: I am from _____
David: What part of _____?
Julia: From _____
David: Do you have pets?
Julia: I have a_____. /
 I don´t have _____.
David: Do you speak Spanish?
Julia: Yes I do / No, I don't.
David: Can you help me, please?
Julia: Sure. How can I help you?

David: can I say _____ in Spanish?
Julia: _____.
David: How much is this _____?
Julia: This is _____ cents.
David: How many _____ can I buy with _____ cents?
Julia: _____
David: Whose _____ are those?

PREGUNTAS
Conversación 1
Practica con tu compañero/a la siguiente conversación.

David: Hola, ¿cuál es su nombre?
Julia: Mi nombre es _____
David: ¿De dónde es?
Julia: Yo soy de _____.
David: ¿De qué parte de _____?
Julia: De _____
David: ¿Tiene mascotas?
Julia: Tengo un/una _____ /
 No tengo _____.
David: ¿Usted habla Inglés?
Julia: Sí hablo / no hablo.
David: ¿Puede ayudarme?
Julia: Claro. ¿Cómo le puedo ayudar?
David: ¿Cómo se dice _____ en Inglés?
Julia: _____
David: ¿Cuánto cuesta esto _____?
Julia: Esto cuesta _____ centavos.
David: ¿Cuántos/as _____ puedo comprar con _____ centavos?.
Julia: _____
David: ¿De quién son eso/as ____?

Doc: Basic 1   Version: 20200327

LESSON 3: WH QUESTIONS

Julia: Those _____ are _____.
David: When are you coming?
Julia: Next _____.
David: Do you want to learn _____?
Julia: _____
David: Do you have _____?
Julia: _____
David: OK, thank you!
Julia: You are welcome.

Julia: Ese/esa _____ es de _____
David: ¿Cuándo vienes?
Julia: El/la próximo/a _____.
David: ¿Quiéres aprender _____?
Julia: _____
David: ¿Tienes _____?
Julia: _____
David: Bueno, ¡gracias!
Julia: ¡Con gusto!

Conversation 2
Choose a profession, a name and a place from the following list. Switch partners and start a new conversation using this new information. Ask creative questions. Try new ways of getting the same information.

Conversación 2
Escoge de la siguiente lista una profesión, un nombre y un lugar. Cambia de compañero y empieza una nueva conversación usando esta nueva información. Has preguntas creativas. Busca nuevas maneras de obtener las mismas respuestas.

Tips for life
"Knowledge is having the right answer. Intelligence is asking the right question"
Anonymous

Claves para la vida
"Conocimiento es tener la respuesta correcta. Inteligencia es hacer la pregunta correcta"
Anónimo

LESSON 3: WH QUESTIONS

Conversation 3		Conversación 3	
Switch partners again and start a new conversation.		Cambia de compañero de nuevo y empieza una nueva conversación.	
Profession/Profesion	Name/Nombre	Place/Lugar	Pets/Mascotas
Actor	Johnny Depp	Argentina	seahorse/Caballito de mar
Cashier/cajero	Angelina Jolie	Andorra	Tarantula/tarántula
Dancer/bailarin	Leonardo DCaprio	Bahrain	Piranha/piraña
Butcher/carnicero	Jennifer Lawrence	Chad	Octopus/pulpo
Barber/barbero	Tom Cruise	Cyprus	Jellyfish/medusa
Drummer/baterista	Shakira	Fiji	Crocodile/cocodrilo
Plumber/plomero	Will Smith	Gabon	Bat/murcielago
Tailor/sastre	Jessica Alba	Madagascar	Rat/rata
Human Statue/estatua humana	Jennifer Aniston	Tunisia	Frog/rana
Embalmer/embalsamador	Brad Pitt	Zambia	Penguin/pinguino

HOMEWORK
Using vocabulary from this and other lessons write your own questions.

1. What?_____
2. Who?_____
3. Where?_____
4. Why?_____
5. Which?_____
6. Whose?_____
7. When?_____
8. How?_____
9. How much?_____
10. How many?_____

TAREA
usando vocabulario de esta y otras lecciones escribe tus propias preguntas.

1. ¿Qué? _____
2. ¿Quién/quiénes?_____
3. ¿Dónde?_____
4. ¿Por qué? _____
5. ¿Cuál? ¿Cuáles?_____
6. ¿De quién? ¿De Quienes?_____
7. ¿Cuándo?_____
8. ¿Cómo _____
9. ¿Cuánto? (-a)_____
10. ¿Cuántos? (-as)_____

LESSON 3: WH QUESTIONS

English

Español

LESSON 3: WH QUESTIONS

English

Español

LESSON 3: WH QUESTIONS

English

Español

LESSON 3: WH QUESTIONS

English | **Español**

LESSON 4: YES/NO QUESTIONS

LESSON 04
YES/NO QUESTIONS

Lesson Objective
Ask and answer YES/NO questions

Vocabulary
1. Am I the only one here?
2. Are you ok?
3. Is this the place?
4. Is she coming?
5. Are you guys working?
6. Are we there yet?
7. Are they with us?
8. Do you talk to her?
9. Do you want to meet him?
10. Does she need to attend the meeting?
11. Does he work here?
12. Do we know each other?
13. Do you guys know the new person?
14. Do they come here often?

LECCIÓN 04
PREGUNTAS DE SI/NO

Objetivo de la lección
Hacer y responder preguntas SI/NO

Vocabulario
1. ¿Soy el único acá?
2. ¿Estás bien?
3. ¿Es éste el lugar?
4. ¿Viene ella?
5. ¿Están ustedes trabajando?
6. ¿Ya llegamos (nosotros)?
7. ¿Están ellos con nosotros?
8. ¿Hablas con ella?
9. ¿Quieres conocerlo (a él)?
10. ¿Necesita ella asistir a la reunión?
11. ¿Trabaja él acá?
12. ¿Nos conocemos?
13. ¿Conocen ustedes a la persona nueva?
14. ¿Vienen ellos (acá) a menudo?

Tips for life
"There are two ways of spreading light: to be the candle or the mirror that reflects it."
-Edith Wharton

Claves para la vida
"Existen dos maneras para compartir la luz: ser la vela o el espejo que la refleja".
-Edith Wharton

LESSON 4: YES/NO QUESTIONS

Forming questions

In English, to form a simple question that contains the verb "**to be**", simply change the order of the verb and the subject.

Affirmative – You are ok.
Question – Are you ok?

In English to form a simple question with any other verb, keep the verb and add "**Do**" at the beginning of sentences whose subjects are **I, You, We or They** and "**Does**" to sentences whose subjects are one of the following: **He. She. It**.

Hacer preguntas

En inglés, para formar una pregunta simple que contenga el verbo "ser o estar", simplemente necesita cambiar el orden del verbo y el sujeto.

Afirmación: Estás bien.
Pregunta: ¿Estás bien?

En inglés, para formar una pregunta simple con cualquier otro verbo, mantén el verbo y agrega "Do" al inicio de las oraciones cuyo sujeto es **I, You, We or They** y "**Does**" a oraciones con sujetos **He, She, It.**

LESSON 4: YES/NO QUESTIONS

Statement – We work hard.
*Question – **Do** we work hard?*

Statement – He uses a computer.
*Questions – **Does** he use a computer?*

Mira los ejemplos.

In Spanish in order to create simple questions you have to change the position of the verb and the subject.

En español, para hacer una pregunta simple, cambia la posición del verbo con el sujeto.

Check the examples

Frase Afirmativa– Tú estás bien.

Pregunta – ¿Estás (tú) bien?

When the subject is obvious, or it has been mentioned before you can omit it and ask the question using only verb.

Cuando el sujeto es obvio, o ya se ha mencionado antes, se puede omitir y hacer la pregunta usando solo verbo.

Check the examples

Frase Afirmativa– (Nosotros) trabajamos bien juntos.

Pregunta – ¿Trabajamos bien juntos?

LESSON 4: YES/NO QUESTIONS

Dialog at work

-Hello, I am Don. I work with Juanita. Do you know her?

Juanita? No I don't know her. But my name is Ashley.

-Glad to meet you, Ashley. I'm new here. Is the boss in?

Yes, the boss is in his office.

-Do you talk with him often?

No, he is usually pretty busy. Do you want me to introduce you?

-Yes, that would be great. Thank you.

Practice with the simple questions and answers below.

Do you know my friend in human resources?

**No, I don't know your friend.
Yes, I know your friend.**

Does he work with you?
**Yes, he works with me.
No, he doesn't work with me.**

Diálogo en el trabajo.

-Hola, me llamo Don. Trabajo con Juanita. ¿La conoces?

¿A Juanita? No, no la conozco. Pero me llamo Ashley.

-Gusto en conocerle, Ashley. Soy nuevo acá. ¿Se encuentra el jefe?

Sí, (el jefe) está en su oficina.

- ¿Hablas (tú) seguido con él?
-

No, él suele estar ocupado. ¿Quieres que te presente?

Sí, sería genial. ¡Gracias!

Practiquen con las preguntas y las respuestas abajo.

¿Conoces a mi amiga en recursos humanos?

**No, no conozco a tu amiga.
Sí, conozco a tu amiga.**

¿Trabaja contigo?
**Sí, trabaja conmigo.
No, no trabaja conmigo.**

LESSON 4: YES/NO QUESTIONS

Do they live nearby?
Yes, they live nearby.
No, they live far away.

Do I need to bring anything to the meeting?
No, you don't need to bring anything.
Yes, you need to bring a pencil.

Does she wear glasses?
Yes, she wears glasses.
No, she doesn't wear glasses.

Do they go to school?
Yes, they go to school.
No, they don't go to school.

Do we need to learn this?
Yes, you (guys) need to learn this.
No, you (guys) don't need to learn this.

Am I in the right place?
No, you are not in the right place.
Yes, you are in the right place.

Are you ready?
Yes, I am ready.
No, I am not ready.

Are they going with us?
No, they aren't (going with us).
Yes, they are going with us.

¿Viven cerca?
Sí, viven cerca.
No, viven lejos.

¿Necesito llevar algo a la reunión?
No, no necesitas llevar nada.
Sí, necesitas llevar un lápiz.

¿Usa ella anteojos?
Sí, ella usa anteojos.
No, ella no usa anteojos.

¿Asisten ellos a la escuela?
Sí, ellos asisten a la escuela.
No, ellos no asisten a la escuela.

¿Necesitamos aprender esto?
Sí, necesitan aprender esto.
No, no necesitan aprender esto.

¿Me encuentro en el lugar correcto?
No, no estás en el lugar correcto.
Sí, estás en el lugar correcto.

¿Estás listo/a?
Sí, estoy listo/a.
No, no estoy listo/a.

¿Van ellos con nosotros?
No, no van ellos con nosotros.
Sí, ellos van con nosotros.

LESSON 4: YES/NO QUESTIONS

Are we running late?
No, we are not running late.
Yes, we are running late.

Do you like this resume?
Yes, I like this resume.
No, I don't (like this resume).

Does he have a desk next to you?
No, he does not have a desk next to me.
Yes, he has a desk by me.

Do you have the mouse for my computer?
Yes, I have the mouse for your computer.
No, I do not have the mouse for your computer.

Does she work with the boss?
Yes, she works with the boss.
No, she does not work with the boss.

Come up with questions to the following answers following the example below.

A: *Yes, I have two kids.*
Q: Do you have any kids?

¿Vamos tarde?
No, no vamos atrasados.
Sí, vamos atrasados.

¿Te gusta esta curriculum vitae?
Sí, me gusta este Curriculum Vitae.
No, no me gusta.

¿Tiene él un escritorio al lado tuyo?
No, él no tiene un escritorio al lado mío.
Sí, él tiene un escritorio al lado mío.

¿Tienes el ratón para mi computadora?
Sí, tengo el ratón para tu computadora.
No, no tengo el ratón para tu computadora.

¿Trabaja ella con el jefe/la jefa?
Sí, ella trabaja con el jefe/la jefa.
No, ella no trabaja con el jefe/la jefa.

Crea preguntas para las respuestas según el ejemplo que se encuentra abajo.

R: *Sí, tengo dos hijos.*
P: ¿Tienes hijos?

LESSON 4: YES/NO QUESTIONS

A: Yes, I ride my bicycle to work.
Q:_____

A: Yes, I know where the library is.
Q:_____

A: No, I don't see your coworker.

Q: _____

A: No, I don't have any gum.
Q:_____

A: Yes, I know Frank.
Q:_____

A: No, you don't work on Tuesday.
Q:_____

A: Yes, I like sweets.
Q:_____

A: Yes, we are the only people here.
Q:_____

A: Yes, we work very hard.
Q:_____

R: Sí, llevo mi bicicleta al trabajo.
P:_____

R: Sí, sé dónde está la biblioteca.
P:_____

R: No, no veo a tu compañero de trabajo.
P: _____

R: No, no tengo chicle.
P:_____

R: Sí, conozco a Frank.
P:_____

R: No, no trabajas el martes.
P:_____

R: Sí, me gustan los dulces.
P:_____

R: Sí, somos las únicas personas acá
P:_____

R: Sí, trabajamos bien fuertes.
P:_____

HOMEWORK
Bring five simple questions and answers to class. They can be about any topic.

TAREA
Traer a clase cinco preguntas simples juntas con las respuestas. Pueden relacionarse a cualquier tema.

LESSON 4: YES/NO QUESTIONS

English

Español

LESSON 4: YES/NO QUESTIONS

English

Español

LESSON 4: YES/NO QUESTIONS

English

Español

LESSON 4: YES/NO QUESTIONS

English

Español

LESSON 5: AT THE RESTURANT

LESSON 05
AT THE RESTAURANT

Lesson Objective
- Learning how to ask questions in a restaurant.

Vocabulary
- Can I get you something to drink?
- Are you ready to order, or would you like a few more minutes? (Usually in Hispanic countries we don`t ask that question).
- Anything else?
- Did you save room for dessert?
- I would like/ I don't want

LECCIÓN 05
EN EL RESTAURANTE

Objetivo de la lección
- Aprender a hacer preguntas en un restaurante.

Vocabulario
- ¿Qué desean tomar?
- ¿Están listos para hacer su pedido? (Usualmente en países hispanos no se hace esta pregunta).
- ¿Algo más?
- ¿Desean algún postre?
- Quiero…/No quiero.

LESSON 5: AT THE RESTURANT

AT THE RESTAURANT

During this conversation, pretend that you are the customer and your partner is the server. Practice the conversation, then switch roles.

Server: Hello, welcome to *"The Best Mexican Restaurant"*, how many in your party?
Customer: 2
Server: Perfect. It will be 10 or 15 minutes. Is that ok?
Customer: Yes, thank you.
Server: Ok, your table is ready. Please follow me.
Customer: Great thanks.

(Usually, at restaurants in Latino countries you don't need to be seated. You can pick your table).

Server: My name is Rudy and I am going to be taking care of you. Can I get you something to drink?
Customer 1: Water for me, please.
Customer 2: Nothing for me, thanks.
Server: Ok, I'll be right back
    ------ (after a few minutes)
Server: Are you ready to order, or would you like a few more minutes?

EN EL RESTAURANTE

Para esta conversación imagina que tú eres el mesero/a y tu compañero/a el cliente. Practiquen la conversación y luego cambien de roles.

Mesero: Buenas tardes, bienvenidos a "El Mejor Restaurante Americano". ¿Cuántos en su grupo?
Cliente: 2
Mesero: Perfecto. Va a tomar de 10 a 15 minutos. ¿Está bien?
Cliente: Sí, gracias.
Server: Muy bien, su mesa está lista. Por favor síganme.
Cliente: ¡Gracias!

(Tradicionalmente en los restaurantes en los países Latinos usted no necesita esperar a ser sentado, usted mismo escoge su lugar).

Mesero: Mi nombre es Rudy y voy a atenderlos hoy. ¿Qué desean tomar?

Cliente 1: Agua para mí por favor.
Cliente 2: No quiero nada gracias.
Mesero: Perfecto, ya regreso.
---------- (Después de unos minutos)
Mesero: Bueno, ¿están listos para hacer su pedido o les gustaría unos minutos más?

LESSON 5: AT THE RESTURANT

(Usually at the restaurants in Latino countries we are not asked if we are ready)

Customer 1: I think we're ready.
Server: Great! What can I get for you?
Customer 1: Do you have sopapillas?
Server: Sorry. We don't have sopapillas.
Cliente 1: What about gorditas?
Server: We don't have gorditas either.
Customer 1: Hmmm, Ok, then I don't want anything. Thanks!.
Server 1: We have more options on our menu. I would suggest the fajita salad or the chimichanga. Those are really good.
Customer 1: No, I am fine thanks.
Server: Ok, how about you?
Customer 2: I would like the house hamburger but I don't want any spicy salsa.
Server: How would you like it cooked?
Customer 2: I don't know. What are the options?

(Usualmente en los países latinos no se pregunta si necesitan más tiempo).

Cliente 1: Sí, creo que estamos listos.
Mesero: Excelente ¿Qué desea para usted?
Cliente 1: Tiene sopapillas?

Mesero: Lo siento, no tenemos sopapillas.
Cliente 1: ¿Y que tal gorditas?
Mesero: Tampoco tenemos gorditas, que pena.
Cliente 1: Ah bueno, entonces no quiero nada. ¡Gracias!.
Mesero: Tenemos más opciones en el menú si quiere mirar. Le sugiero la ensalada de fajita o la chimichanga, están muy buenas.
Cliente 1: No, gracias.
Mesero: Bueno, ¿y para usted?
Cliente 2: Yo quiero la hamburguesa de la casa pero no quiero salsa picante.
Mesero: ¿Cómo la quiere?

Cliente 2: No sé. ¿Cuáles son las opciones?

LESSON 5: AT THE RESTURANT

Server: Rare, medium rare, medium, medium well, well done (burnt).
Customer 2: Medium well.
Server: Perfect. I will be right back.
Customer 2: Ok, thanks
------ *(after a few minutes)*
Server: How is everything tasting?
Customer 1: Great!
Customer 2: Good!
Server: Can I bring you anything else?
Customer 1: Yes, could you please give me one more set of silverware.
Server: Of Course. I'll be right back.
_____*(after a few minutes)*
Server: Did you save room for dessert?
Customer 1: No – thank you. May we have the check, please?
Server: Of course.
Server: Thank you for coming. Have a great night.

Using the attached menu, play with your partner asking them different orders. Pretend to be the server and then switch to being the customer. Make it hard for your partner – ask all kinds of questions.

Mesero: Medio, bien cocida (a punto).
Cliente 2: Bien cocida, gracias
Server: Perfecto, ya regreso.
Cliente 2: Gracias
---------- *(Después de unos minutos)*
Mesero: ¿Cómo está todo?
Cliente 1: ¡Delicioso!
Cliente 2: ¡Bien!
Mesero: ¿Necesitan algo más?

Cliente 1: Sí, me podría traer un par más de cubiertos, por favor.
Mesero: Perfecto, ya regreso.

____*(Después de unos minutos)*
Mesero: ¿Desean algún postre?

Cliente 1: No, gracias ¿Nos puede traer la cuenta por favor?
Mesero: Con gusto.
Mesero: Gracias por venir. Que tengan una feliz noche.

Usa el menú adjunto para jugar con tu compañero. Imagina que eres el mesero y luego el cliente. Pon difícil la tarea a tu compañero/a haciéndole todo tipo de preguntas.

LESSON 5: AT THE RESTURANT

Tips for life

"Cooking with love provides food for the soul"

Anonymous

Claves para la vida

"Cocinar con amor alimenta el alma"

Anónimo

HOMEWORK

1. Imagine that you have a restaurant. Create your own menu including your favorite appetizers, lunch menu and dessert menu.

2. Using the following menu, write at least three different questions to the server.

TAREA

1. Imagina que estás en un restaurante. Crea tu propio menú incluyendo tus aperitivos, almuerzo y postre favoritos.

2. Usando el siguiente menú escribe al menos tres diferentes preguntas para el/la mesero/a.

LESSON 5: AT THE RESTURANT

Breakfast

French toast breakfast $6.00
French toast beverage bacon and eggs

Scrambled eggs combo $5.00
Scrambled eggs a beverage bacon toast

Breakfast burrito $3.00
The burrito includes eggs, bacon bits cheese

Waffle plate 5.00
Two waffles, a fruit cup and a beverage.

Breakfast sandwich 3.00
Eggs bacon ham and cheese in the sandwich a side of hash browns.

Sides
Bacon
Eggs
Toast
Hash browns

Lunch

Sandwich $3.00
A ham and cheese sandwich with a side of fries with a beverage.

PB&J $2.00
This includes a beverage the PB&J and fries

Pasta Platter $6.00
Pasta two sides of your choice and beverage

Hamburger 3.00
Includes tomatoes lettuce pickles in the sandwich one side or cheese burger for $0.50 more and a beverage

Macaroni 4.00
Kraft macaroni and cheese with a side of and beverage and choice of fries or a fruit cup

Sides
French fries
Cup of fruit
Carrots and ranch
Apple slices and caramel

Dinner

Pulled pork sandwich $4.00
This comes with the sandwich and French fries and a beverage

Potato and cheese soup $3.00
This comes with delicious soup and watermelon and a beverage

Steak meal $11.00
This includes an amazing steak with A1 sauce and a side of your choice with a beverage

Caesar salad $5.00
This includes a salad of your choice and a soup of your choice. With a beverage

Pasta $5.00
This comes with plate of pasta with meat sauce and Parmesan cheese and a side. With a beverage

Sides
French fries
Breadsticks
Cup of fruit
Soup

LESSON 5: AT THE RESTURANT

English

Español

LESSON 5: AT THE RESTURANT

English

Español

LESSON 5: AT THE RESTURANT

English

Español

LESSON 5: AT THE RESTURANT

English

Español

LESSON 6: PHONE CALL

LESSON 06
PHONE CALL, MAKING A RESERVATION

Lesson Objective
Making a phone call
Learning how to make a reservation by phone

Vocabulary
1. Hello, my name is…
2. I would like to speak with…
3. This is…
4. How may I help you?
5. Hi, how are you?
6. I am well, thank you
7. I am calling because…

LECCION 06
LLAMADA TELEFÓNICA, HACIENDO UNA RESERVACION

Objetivo de la lección
Hacer una llamada telefónica
Aprender a hacer una reservación por teléfono

Vocabulario
1. Hola, mi nombre es…
2. Me encantaría hablar con…
3. Habla…
4. ¿En qué le puedo ayudar?
5. ¿Cómo está?
6. Yo estoy bien, gracias.
7. La llamo porque…

LESSON 6: PHONE CALL

PHONE CALL

Ring, Ring…

Receptionist: Hello, Five Star Hotel, how may I help you?
Customer: Hello, my name is _____. I would like to make a reservation for this coming weekend.
Receptionist: Sure thing, (Mr./Mrs.) _____. A reservation for how many?
Customer: For 3 (three).
Receptionist: Ok, Mr./Mrs. _____. Please let me check our availability.
Customer: Ok, thanks.
Receptionist: Mr./Mrs. _____, we have a couple of suites available. One with a view of the mountains, and the other with view of the sea. Which one do you prefer?
Customer: The one with the view of the _____.
Receptionist: Perfect. One second, please. Mr./Mrs. _____ what card will you be using today?
Customer: Mexican Express.
Receptionist: Perfect. May I have the number please?
Customer: Sure, it is 5948-7213-4600

LLAMADA TELEFÓNICA

Ring, Ring

Recepcionista: Hola, Hotel Cinco Estrellas, ¿en qué le puedo servir?
Cliente: Buenas tardes/días, mi nombre es_____. Quiero hacer una reservación para este fin de semana.

Recepcionista: Claro que sí, Sr./Sra._____. Para cuántas personas es la reservación.
Cliente: Para 3 (tres).
Recepcionista: Muy bien Sr./Sra. _____. Permítame revisar nuestra disponibilidad.
Cliente: Perfecto, gracias.
Recepcionista: Sr./Sra. _____, tenemos un par de habitaciones disponibles. Una con vista a las montañas y otra con vista al mar. ¿Cuál prefiere?

Cliente: La que tiene vista al/las _____.

Recepcionista: Muy bien, un segundo por favor. Sr./Sra. _____ ¿A qué tarjeta le cargamos la cuenta?
Cliente: Mexican Express.
Recepcionista: A. Muy bien, ¿me puede decir el número por favor?
Cliente: Seguro, es 5948-7213-4600.

LESSON 6: PHONE CALL

Receptionist: Great. Let me confirm. You have reserved room number 090 for three people with a view of the _____.

Customer: Perfect thank you.
Receptionist: You are very welcome. Anything else?
Customer: No, that was all.
Receptionist: Ok, Mr./Mrs _____. Have a great day. Bye
Customer: Thank you. Bye

CREATING YOUR OWN CONVERSATION

Create your own conversation with your partner. Make a reservation (car, hotel, table at a restaurant…).
Ring, ring…
Amanda: Hello, _____ (name of the place), how may I help you?
Amber: Hello, my name is _____. I would like to make a reservation for _____(Date M/D/Y)
Amanda: Sure thing, (Mr./Mrs.) _____. A reservation for how many?
Amber: For _____ (_____).
Amanda: Ok, Mr./Mrs. _____. Please let me check our availability.

Recepcionista: Muy bien, permítame confirmarle. Usted ha reservado la habitación número 090 para tres personas con vista al/la _____.

Cliente: Perfecto, gracias.
Recepcionista: Con mucho gusto. ¿Algo más en que le pueda ayudar?
Cliente: No, gracias.
Recepcionista: Bien Sr./Sra. _____, le deseo un buen día. Hasta luego.
Cliente: Gracias. Hasta luego.

CREA TU PROPIA CONVERSACION

Con tu compañero crea tu propia conversación. Hagan una reservación (Carro, hotel, mesa en un restaurante…).
Ring, Ring
Amanda: Hola, _____, (nombre del lugar) ¿en qué le puedo servir?
Amber: Buenas tardes/días, mi nombre es_____. Quiero hacer una reservación para el _____ (fecha D/M/A).
Amanda: Claro que sí, Sr./Sra._____. Para cuántas personas es la reservación.
Amber: Para _____ (_____).
Amanda: Muy bien Sr./Sra. _____. Permítame revisar nuestra disponibilidad.

LESSON 6: PHONE CALL

Amber: _____, thanks.
Amanda: Mr./Mrs. _____, we have a couple of _____ (tables, suites, spots, seats…) available. One with _____, and the other with _____. Which one do you prefer?
Amber: The one with _____.
Amanda: Perfect. One second please. Mr./Mrs. _____ what card will you be using today?
Amber: _____.
Amanda: Perfect. May I have the number please?
Amber: _____, it is _ _ _ _ - _ _ _ _ - _ _ _ _ - _ _ _ _.
Amanda: Great. Let me confirm. You have reserved _____ for _____ people with _____.

Amber: _____, thank you.
Amanda: _____. Anything else?
Amber: No, _____.
Amanda: Ok, Mr./Mrs _____. Have a _____. Bye
Amber: Thank you. Bye

Change partner at least twice times and using your phone make new reservations.

Amber: _____, gracias.
Amanda: Sr./Sra. _____, tenemos un par de _____ (mesas, habitaciones, espacio, sillas, …) disponibles. Una con _____ y otra con _____. ¿Cuál prefiere?
Amber: La que tiene _____.
Amanda: Muy bien, un segundo por favor. Sr./Sra. _____ ¿A qué tarjeta le cargamos la cuenta?
Amber: _____.
Amanda: Muy bien, ¿me puede decir el número por favor?
Amber: _____, es _ _ _ _ - _ _ _ _ - _ _ _ _ - _ _ _ _.
Amanda: Muy bien, permítame le confirmo. Usted ha reservado _____ para _____ personas con _____.

Amber: _____, gracias.
Amanda: _____. ¿Algo más en lo que le pueda ayudar?
Amber: No, _____.
Amanda: Bien Sr./Sra. _____, le deseo _____. Hasta luego.
Amber: Gracias. Hasta luego.

Cambia de compañero por lo menos dos veces y usando tu teléfono has nuevas reservaciones.

LESSON 6: PHONE CALL

Tips for life
"Fight your fears and you'll be in battle forever, Face your fears and you will be free forever".
Lucas Jonkman

Claves para la vida
"Lucha contra tus miedos y estarás en una batalla para siempre, Enfréntate a tus miedos y serás libre para siempre"
Lucas Jonkman

HOMEWORK

1. **Call one of your partners. Remember to be prepared.** Exchange numbers and agree on the date and time. Remember; be ready. Agree on who is calling first. Be prepared with the materials. Make a phone call to practice some or all of the words together. Agree on the second call before the next class.

2. Intro to the phone Call: Hi _____, this is _____. I am calling to practice the words of the week. Are you ready? I am going to read first (read slowly for your partner in your native Language). Wait for him/her to repeat the words. Help him/her improve. Finish the conversation: That was great! Thank you. I will be waiting for your call. Bye, thank you!

3. Wait for the call. Follow the same process. Share this experience with the rest of the class next time.

TAREA

1. **Llama a uno de tus compañeros. Recuerda estar preparado.** Intercambien números telefónicos y acuerden el mejor día y hora para la llamada. Acuerden quién va a llamar primero. Prepárense con los materiales de clase a mano. Hagan la llamada para practicar juntos algunas o todas las palabras. Pónganse de acuerdo para la segunda llamada antes de la próxima clase.

2. **Introducción a la llamada:** Hola, habla _____. Estoy llamando para que practiquemos las palabras de la semana. ¿Estás listo/a? Voy a leer primero (lea lentamente para su compañero en su idioma nativo). Espere a que él o ella repita las palabras. Ayúdele a mejorar. Termine la conversación: ¡Muy bien! Gracias. Esperaré tu llamada.

3. **Espere la llamada.** Sigan el mismo proceso. Comparta esta experiencia con el resto de sus compañeros en la siguiente clase.

LESSON 6: PHONE CALL

English

Español

LESSON 6: PHONE CALL

English

Español

LESSON 6: PHONE CALL

English

Español

LESSON 6: PHONE CALL

English

Español

LESSON 7: WEATHER HIKING

LESSON 07
WEATHER / HIKING- PICNIKING

Lesson Objective
- Learn how to talk about the weather.
- Learn the different ways to use *it is, there is* when talking about weather and temperature.

Vocabulary
1. Forecast
2. It is sunny
3. It is cloudy
4. It is raining
5. It is snowing
6. It is foggy
7. There's a blizzard (a storm with lots of snow and wind)
8. There's a breeze (light wind)
9. There is a cold spell (a period of colder than average weather)
10. There's a cold front
11. There's a warm front
12. There's a ___% chance of rain
13. There's frost (ice crystals on a frozen surface)
14. There are flurries (very light snow fall)
15. There's a tornado
16. There's a rainbow

LECCION 07
CLIMA / CAMINATA – DIA DE CAMPO

Objetivo de la lección
- Aprender a hablar del clima.
- Aprender la diferencia entre *está, hay, hace y es*, cuando se habla del clima y la temperatura.

Vocabulario
1. Pronostico (del tiempo)
2. Está soleado
3. Está nublado
4. Está lloviendo
5. Está nevando
6. Está brumoso
7. Hay una tormenta de nieve y viento
8. Hay briza
9. Hay una ola de frío
10. Hay un frente frío
11. Hay un frente cálido
12. Hay un _____% de lluvia
13. Hay hielo
14. Hay delgados copos de nieve
15. Hay un tornado
16. Hay un arco iris

LESSON 7: WEATHER HIKING

WEATHER/HIKING- PICNIKING

Daniel: It is a beautiful day. We should go hiking.
Jack: No, it is kind of foggy.
Daniel: But there is a warm front coming. Come on, let's go.
Jack: But, what if it rains? It is kind of chilly.
Daniel: Are you serious? It is hotter than yesterday.
Jack: Yeah but, yesterday was freezing cold.
Daniel: Just in the morning, at noon it was sunny.
Jack: Yeah, but also partly cloudy.

Daniel: Ok, ok, what if we go to the park?
Jack: No, it is cold.
Daniel: Hmm, ok, then let's have a picnic in our backyard
Jack: No, it is really windy
Daniel: But, there is plenty of sun
Jack: It is just sixty (60) degrees

Daniel: No, it is like seventy degrees

Jack: Any way it is kind of humid today
Daniel: Yes, and also good for an outdoor activity. It is cool.

CLIMA/ CAMINATA – DIA DE CAMPO

Daniel: Hace un lindo día. Deberíamos ir de caminata.
Jack: No, está un poco brumoso.
Daniel: Pero hay un frente cálido en camino. Ándale, vamos.
Jack: Pero, ¿qué tal que llueva? Está fresco.
Daniel: ¿En serio? Hace más calor que ayer.
Jack: Sí, pero ayer estuvo helado

Daniel: Solo en la mañana, al medio día estuvo soleado.
Jack: Sí, pero también un poco nublado.
Daniel: Bueno, está bien. ¿y si vamos al parque?
Jack: No, hace frio.
Daniel: Entonces hagamos un picnic en nuestro jardín.
Jack: No, hace demasiado viento.
Daniel: Pero, hay mucho sol.
Jack: Solo estamos a sesenta (60) grados
Daniel: No, estamos como a setenta(70) grados.
Jack: De todas formas, está un poco húmedo hoy.
Daniel: Si, y también es un gran día para actividades al aire libre. Está rico.

LESSON 7: WEATHER HIKING

Jack: Can't you see that it's drizzling.
Daniel: Sure, but it is mild too.

Jack: Yes, but at any moment it could be pouring.
Daniel: Or maybe not! Come on, let's do something.
Jack: No, there is a 51% chance of rain and even flurries .

Daniel: Well maybe we will get to see a rainbow.

Ask your partner this question about the weather: How is it in _____ today? Your partner should check the weather in that location using their cell phone (or come up with something) and answer the question using *it is, there is*.

1.
2.
3.
4.
5.

Jack: No ves que está lloviznando.
Daniel: Seguro, pero está tibio también.
Jack: Claro, pero en cualquier momento puede caer un chaparrón.
Daniel: ¡O quizá no! ¡Vamos! hagamos algo.
Jack: No, hay un 51% de probabilidades de lluvia e incluso de copitos de nieve.
Daniel: Bueno, quizá podamos ver el arco iris.

**Hazle preguntas a tu compañero sobre el clima:
Tu compañero debe revisar el estado del tiempo en esa ciudad usando su teléfono (O inventarse algo) y responder la pregunta usando *está, hay, hace o es*.**

1.
2.
3.
4.
5.

Tips for life

Wherever you go, whatever the weather, always be your own sunshine.

Claves para la vida

No importa donde vayas,

No importa el clima, siempre se tu propio sol.

LESSON 7: WEATHER HIKING

Match words and pictures: what's the weather like? It is…

Relaciona palabras e imágenes: ¿Cómo está el tiempo? Está… Es…

Autumn(fall)		Brumoso
Cloudy		Caliente
Foggy		Nevado
Freezing		Brumoso
Hot		Primavera
Rainy		Tormentoso
Snowy		Soleado
spring		Ventoso
stormy		Invierno
summer		Otoño
sunny		Lluvioso
windy		Verano
winter		Nublado

Doc: Basic 1   Version: 20200327

LESSON 7: WEATHER HIKING

HOMEWORK
1. Write ten sentences using *Está, hace, es, hay, estamos a…*
2. Are there other useful expressions in your language to talk about the weather that your partner should learn? Write at least three. Share them with the group next class.

TAREA
1. Escribe diez oraciones usando *it is, there are.*
2. ¿Hay otras expresiones útiles en tu idioma para hablar sobre el clima que tu compañero debería aprender? escribe al menos tres. Compártelas con el grupo en la próxima clase.

LESSON 7: WEATHER HIKING

English

Español

LESSON 7: WEATHER HIKING

English

Español

LESSON 7: WEATHER HIKING

English

Español

LESSON 7: WEATHER HIKING

English

Español

LESSON 8: DIRECTIONS

LESSON 08
TO GIVE AND RECEIVE DIRECTIONS

Lesson Objective
   To express and take directions

Vocabulary
1. Down the street
2. Around the block
3. Go four blocks
4. Take a right on 14th avenue.
5. Take a left
6. Destination
7. It´s two blocks down on the left.
8. On the corner of Lincoln and 20th avenue.
9. Left, Right, North, South, West, East

LECCION 08
DAR Y RECIBIR INDICACIONES

Objetivo de la lección
   Expresar y entender indicaciones

Vocabulario
1. Por la calle
2. A la vuelta de la manzana
3. Anda / Ve / Avanza cuatro cuadras
4. Dobla a la derecha en la avenida
5. Toma la izquierda
6. Destino
7. Queda a dos cuadras a la izquierda.
8. En la esquina de Lincoln con la avenida
9. Izquierda, Derecha, Norte, Sur, Oeste, Este

LESSON 8: DIRECTIONS

Conversation

Joseph: Excuse me, good morning. I´m looking for a library.

Emily: Sure, there is one on 2nd street and another on Colorado Avenue.

Joseph: What is the address of the one on 2nd street?

b. It's 1724 east 2nd street, Denver, CO 80234.

Joseph: Thank you. How do I get there?

b. You can take a bus or drive. It´s too far to walk.

Joseph: Cool. I´ll put the address in my GPS.

🏳 Stop! What are we talking about?
How do you find addresses to get to places?
Do you use a GPS?
Do you walk, drive, bike, or take a bus?

Conversación

Joseph: Disculpe, buenos días. Estoy buscando una biblioteca.

Emily: Claro que sí, hay una en la calle 2 y otra en la Avenida Colorado.

Joseph: ¿Cuál es la dirección para la que queda en la calle 2a?

Emily: Es 1724 Este, calle 2a, Denver, CO 80234.

Joseph: Gracias. ¿Cómo llego hasta allá?

Emily: Puedes tomar un bus o manejar. Es muy lejos para caminar.

Joseph: Listo. Pongo la dirección en mi GPS.

🏳 ¡Pare! ¿De qué estamos hablando? ¿Cómo encuentras las direcciones para llegas a lugares?

¿Usas algún GPS?
¿Caminas, manejas, andas en bici, o tomas un bus?

LESSON 8: DIRECTIONS

CARDINAL AND ORDINAL NUMBERS

In English, streets that are named with numbers are expressed as ordinal numbers (first, second, third, etc.). The address, or the number before the street name, is a cardinal number (five, six, seven). Practice pronouncing each in the following directions with your partner.

In Spanish, ordinal numbers are used specially for streets with numbers up to ten.
1007 York street, Denver, CO 80206
508 West 14th avenue, Denver, CO 80205
1st street
23rd avenue
1600 East 8th avenue.
2nd street

LOS NUMEROS CARDINALES Y ORDINALES

En inglés las calles que se nombran con números se expresan con números ordinales (primero, segundo, tercero, etc). Las direcciones o el número que va antes de la calle es un número cardinal (cinco, seis, siete). Practica pronunciar los dos con tu compañero con las direcciones abajo

En español los números ordinales se usan especialmente para los números hasta diez.
1007 Calle York, Denver, CO 80206
508 Oeste, Avenida 14, Denver, CO 80205
Calle 1a
Avenida 23
1600 Este, Avenue 8a.
Calle 2a

1st - First	1º - Primer (o/a)
2nd - Second	2º - Segundo/a
3rd - Third	3º - Tercero/a
4th - Fourth	4º - Cuarto/a
5th - Fifth	5º - Quinto/a
6th - Sixth	6º - Sexto/a
7th - Seventh	7º - Séptimo/a
8th - Eighth	8º - Octavo/a
9th - Ninth	9º - Noveno/a
10th - Tenth	10º - Décimo/a
20th - Twentieth	20º - Vigésimo/a
30th - Thirtieth	30º - Trigésimo

LESSON 8: DIRECTIONS

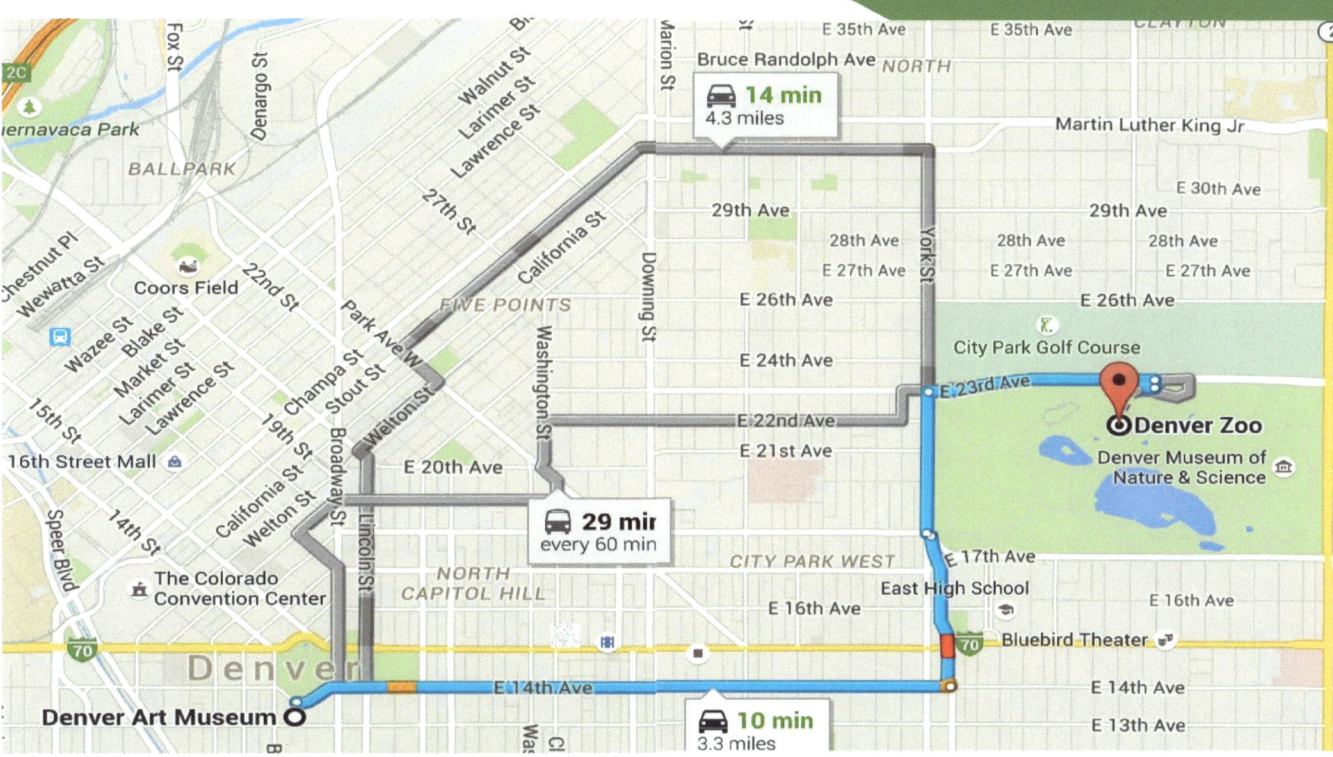

Now we can use our new skills to help friends go places. Start at the Denver Art Museum and follow one of the routes to the Denver Zoo. Tell your partner each one of the steps to go to the destination.

_____
_____
_____
_____
_____
_____
_____

Ahora podemos utilizar nuestras habilidades para ayudar a nuestros amigos a llegar a un lugar. Empieza en el Denver Art Museum y sigue una de las rutas para llegar al Denver Zoo. Indícale a tu compañero cada uno de los pasos para llegar al destino.

_____
_____
_____
_____
_____
_____
_____

LESSON 8: DIRECTIONS

To be able to give and get directions, you need to understand commands and numbers.

Now let's practice the use of directions.

Take a personal item (pen, pencil, book…) and hide it in a place in the class room. Write down the instructions to get to that place. Using those instructions guide your partner to the place where you hid the item. Imagine that one step is equal to one block.

How was the experience?

Let's practice the next instructions:

GPS commands
Which commands do you recognize?
In one mile turn left onto Colfax
In a half a mile continue straight onto I-25.
Your destination is on the right.
Left, Right, North, South, West, East

Take I-70
1, 2, 3 Blocks
Take a left
Turn right
Destination
Go half a mile
How do I get to…?
Where is the…?

Para poder expresar y entender direcciones, es necesario entender los mandatos y los números.

Ahora practiquemos el uso de direcciones.

Toma un objeto personal (lápiz, pluma, libro…) y escóndelo en un lugar del salón. Escribe las instrucciones de cómo llegar hasta ese lugar. Usando esas instrucciones guía a tu compañero hasta el lugar donde escondiste tu objeto. Imagina que un paso es igual a una cuadra.

¿Cómo fue la experiencia?

Practiquemos las siguientes instrucciones.

Mandatos del GPS
¿Cuáles mandatos conoces?
A una milla dobla a la izquierda hacía Colfax.
A media milla sigue derecho hacia la I-25
Tu destino está a la derecha.
Izquierda, Derecha, Norte, Sur, Oeste, Este
Toma I-70
1,2,3 Cuadra
Dobla a la izquierda
Dobla a la derecha
Destino
Maneja media milla
¿Cómo llego a…?
¿Dónde está el/la…?

LESSON 8: DIRECTIONS

Class activity:
Pretend that one mile is equal to one step in the classroom. Using your GPS (Smartphone) give directions to your partner to show him/her how you get from your job or home to the Zoo.

Actividad de clase:
Supongamos que una milla equivale un paso acá en la sala. Usando tu GPS (Teléfono) dale indicaciones a tu compañero para mostrarle cómo vas de tu trabajo o donde vives al Zoológico.

Tips for life

Failure will never overtake me if my determination to succeed is strong enough. – Og Mandino

Claves para la vida

Los fracasos jamás se me adelatarán si mi determinación para triunfar es suficientemente fuerte. – Og Mandino

HOMEWORK
1. Use your GPS application on your phone in your target language. Do you hear some of the instructions mentioned above? Make a list of the instructions that you remember.
2. Write down directions on how to get from your house to work or to ShareLingo.
3. Give instructions to your partner and have him or her write them down.

TAREA
1. Usa la aplicación de GPS en tu teléfono en el nuevo idioma. ¿Escuchas algunas de las instrucciones mencionados arriba? Has una lista de las instrucciones que recuerdes.
2. Apuntas las indicaciones para llegar desde tu casa hasta el trabajo o a ShareLingo.
3. Dale instrucciones a tu compañero y pídele que las escriba.

LESSON 8: DIRECTIONS

English

Español

LESSON 8: DIRECTIONS

English

Español

LESSON 8: DIRECTIONS

English

Español

LESSON 8: DIRECTIONS

English

Español

LESSON 9: COMMON VERBS

LESSON 09
Common verbs

Lesson Objective
Learn how to use the verbs to go, to make, to have when they play similar roles.

Vocabulary

I **go**	We **go**
You **go**	You (all) **go**
He, she, it **goes**	They **go**

I **do/make**	We **do/make**
You **do/make**	You (all) **do/make**
He, she, it **does/makes**	They **do/make**

I **have**	We **have**
You **have**	You (all) **have**
He, she, it **has**	They **have**

I **want**	We **want**
You **want**	You (all) **want**
He, she, it **wants**	They **want**

LECCION 09
Verbos comunes

Objetivo de la lección
Aprender los verbos ir, hacer, querer, tener cuando juegas roles similares.

Vocabulario

Yo **voy**	Nosotros **vamos**
Tú **vas**	Vosotros **vais**
Él, ella **va**	Ellos **van**

Yo **hago**	Nosotros **hacemos**
Tú **haces**	Vosotros **hacéis**
Él, ella **hace**	Ellos **hacen**

Yo **tengo**	Nosotros **tenemos**
Tú **tienes**	Vosotros **tenéis**
Él, ella **tiene**	Ellos **tienen**

Yo **quiero**	Nosotros **queremos**
Tú **quieres**	Vosotros **queréis**
Él, ella **quiere**	Ellos **quieren**

Tips for life
Try to be a rainbow in someone´s cloud -Maya Angelou

Claves para la vida
Intenta ser un arco iris en la nube de alguien
-Maya Angelou

LESSON 9: COMMON VERBS

Conversation 1
Practice the following conversation with a partner.

Alex: Hey, I want to go to the park. Do you want to go with me?
Ben: Yes, I have some free time now. I want to go. Does Billy want to go?
Alex: He has a meeting so he can´t go with us.
Ben: Ok. We can go by ourselves. Do you want to have a picnic?
Alex: Yes, I want to have a picnic. Do we have everything we need?
Ben: I think so!
Alex: What if I make a salad?

Ben: Perfect. I will make something else.
Alex: I want a sandwich.

Ben: Ok, do you want ham or just tomato and onion?
Alex: I don't want onion, just tomato, but also ham.
Ben: Great.
Alex: I think we have everything. We have food and a basket, you have the plates and napkins, and I have the drinks.
Ben: Great! Let´s go and talk.
Alex: Does Jimmy want to go?
Ben: I don't think so. He is very busy.
Alex: Ok, how about Sandra?
Ben: No, she has so many things to do.

Conversación 1
Practica con tu compañero/a la siguiente conversación.

Alex: Oye, quiero ir al parque. ¿Quieres ir conmigo?
Ben: Sí, tengo unos momentos libres ahora. Quiero ir. ¿Quiere ir Billy?
Alex: Él tiene una reunión y por eso no puede acompañarnos.
Ben: Ok. Podemos ir solos. ¿Quieres hacer un picnic?
Alex: Sí, quiero ir de día de campo. ¿Tenemos todo lo que necesitamos?
Ben: Yo creo.
Alex: ¿Qué te parece si yo hago la ensalada?
Ben: Perfecto y yo preparo algo más.

Alex: Yo quiero un sándwich/emparedado.
Ben: Bueno, quieres jamón o solo tomate y cebolla?
Alex: No quiero cebolla, solo tomate, pero también jamón.
Ben: Súper
Alex: Creo que tenemos todo. Tenemos la comida y una canasta, tienes los platos y las servilletas, y yo tengo las bebidas.
Ben: Super" Vamos y hablamos.
Alex: ¿Quiere ir Jimmy?
Ben: No creo. Él está muy ocupado.
Alex: Bueno y que tal ¿Sandra?
Ben: No, ella tiene muchas cosas que hacer.

LESSON 9: COMMON VERBS

Alex: How about the twins?
Ben: They are not here today. They are sick.
Alex: Really? That's too bad. Ok, then let's go and enjoy our picnic.

How would you end this story? Create at least one sentence to end the story in a different way. Be creative.

Alex: ¿Bueno y que tal los gemelos?
Ben: Ellos no están aquí hoy.
Alex: ¿En serio? Que mal. Entonces vámonos y disfrutemos nuestro día de campo.

¿Cómo terminarías esta historia? Crea por lo menos una oración para terminar la historia de diferente manera. Se creativo.

LESSON 9: COMMON VERBS

Practice describing the following activities that people might do in a day and then work with a partner to describe some of the things you do.

1. He makes ice cream in a factory.
2. She does her exercises almost every day.
3. We all go to the store at least once a week.
4. You always want to go to the mountains in the fall.
5. They make the best cakes for their dinners.
6. When we apply ourselves, we do a better job.
7. My friends often go dancing.
8. You guys have a lot of friends; how great is that.
9. They want more of these hot days.
10. I do the house chores thinking about my family.
11. These photos make me think about the good times.
12. The moles and the chickens make holes in the pickin´s.
13. Pedro, Juan, and Diego have a picnic in the afternoon.

Practica describir las siguientes actividades las cuales a lo mejor la genta haría en un día y luego trabaja con tu compañero para describir unas de las cosas que haces.

1. Él hace helado en una fábrica.
2. Ella hace sus ejercicios casi todos los días.
3. Nosotros vamos a la tienda por lo menos un día a la semana.
4. Siempre quieres ir a las montañas en el otoño.
5. Hacen las mejores tortas para sus cenas.
6. Cuando nos aplicamos, hacemos un mejor trabajo.
7. Mis amigos van a menudo a bailar.
8. Ustedes tienen muchos amigos, que bueno eso.
9. Ellos quieren más días de estos climas calurosos.
10. Hago las tareas de la casa pensando en mi familia.
11. Estas fotos me hacen pensar en los tiempos buenos.
12. Los topos y los pollos hacen hoyos en la comida.
13. Pedro, Juan y Diego hacen un picnic a media tarde.

LESSON 9: COMMON VERBS

HOMEWORK
Write at least three sentences for each of the new verbs we practiced today.

1. To go
   _____
   _____
   _____
   _____

2. To do/make
   _____
   _____
   _____
   _____

3. To have
   _____
   _____
   _____
   _____

4. To want
   _____
   _____
   _____
   _____

TAREA
Escribe por lo menos tres frases para cada uno de los verbos nuevos que practicamos hoy.

1. Ir
   _____
   _____
   _____
   _____

2. Hacer
   _____
   _____
   _____
   _____

3. Tener
   _____
   _____
   _____
   _____

4. Querer
   _____
   _____
   _____
   _____

LESSON 9: COMMON VERBS

English

Español

LESSON 9: COMMON VERBS

English

Español

LESSON 9: COMMON VERBS

English

Español

LESSON 9: COMMON VERBS

English   Español

LESSON 10: SINGING TOGETHER

**LESSON 10
SINGING TOGETHER**

Lesson Objective
Working on pronunciation, having fun.

**LECCION 10
CANTANDO JUNTOS**

Objetivo de la lección
Trabajar en pronunciación, divirtiéndose.

Tips for life
"Music gives a soul to the universe, wings to the mind, flight to the imagination and life to everything".
Plato

Claves para la vida
" La música le da alma al universo, alas a la mente, vuelo a la imaginación y vida a todo"
Platón

LESSON 10: SINGING TOGETHER

SINGING TOGETHER

IS THIS LOVE
Bob Marley

https://www.youtube.com/watch?v=349g2Ap_eF4

1. I want to love you, and treat you right,
2. I want to love you, every day and every night,
3. We'll be together, with a roof right over our heads,
4. We'll share the shelter, of my single bed,
5. We'll share the same room, yeah!
6. For Jah provide the bread.
7. Is this love, is this love, is this love,
8. Is this love that I'm feelin'?
9. Is this love, is this love, is this love,
10. Is this love that I'm feelin'?
11. I want to know, want to know, want to know now!

CANTANDO JUNTOS

ES ESTO AMOR
Bob Marley

https://www.youtube.com/watch?v=349g2Ap_eF4

1. Quiero amarte, y tratarte bien,
2. Quiero amarte, cada día y cada noche,
3. Estaremos juntos, Con un techo sobre nuestras cabezas,
4. Vamos a compartir el refugio, de mi cama individual (sencilla),
5. Vamos a compartir la misma habitación, ¡sí!
6. Para Jah nos provee el pan.
7. ¿Es esto amor, Es esto amor, Es esto amor?
8. ¿Es esto amor que yo siento?
9. ¿Es esto amor, Es esto amor, Es esto amor?
10. ¿Es esto amor que yo siento?
11. ¡Quiero saber, quiero saber, quiero saber ahora!

LESSON 10: SINGING TOGETHER

12. I got to know, got to know, got to know now!
13. I, I'm willing and able,
14. So I throw my cards on your table!
15. I want to love you, I want to love and treat, love and treat you right,
16. I want to love you every day and every night,
17. We'll be together, yeah! With a roof right over our heads,
18. We'll share the shelter, yeah, oh now! of my single bed,
19. We'll share the same room, yeah!
20. For Jah provide the bread.
21. Is this love, is this love, is this love,
22. Is this love that I'm feelin'?
23. Is this love, is this love, is this love,
24. Is this love that I'm feelin'?
25. Whoa! Oh yes I know, yes I know, yes I know now!

12. ¡Tengo que saber, que saber, que saber ahora!
13. Yo, estoy dispuesto y soy capaz,
14. ¡Así que echo mis cartas sobre tu mesa!
15. Quiero amarte, quiero amarte y tratarte, amarte y tratarte bien.
16. Quiero amarte cada día y cada noche,
17. Estaremos juntos, ¡sí! Con un techo sobre nuestras cabezas,
18. Vamos a compartir el refugio, ¡sí! ¡oh ahora! de mi cama individual(sencilla),
19. Vamos a compartir la misma habitación, ¡sí!
20. Para Jah nos provee el pan.
21. ¿Es esto amor, Es esto amor, Es esto amor,
22. ¿Es esto amor que estoy sintiendo?
23. ¿Es esto amor, Es esto amor, Es esto amor,
24. ¿Es esto amor que yo siento?
25. ¡Whoa! ¡Oh sí, lo sé, sí sé, sí sé ahora!

LESSON 10: SINGING TOGETHER

25.	Oh yes I know, yes I know, yes I know now!	25.	¡Oh, sí lo sé, sí sé, sí sé ahora!
26.	I, I'm willing and able,	26.	Yo, estoy dispuesto y soy capaz,
27.	So I throw my cards on your table!	27.	¡Así que echo mis cartas sobre tu mesa!
28.	See: I want to love ya, I want to love and treat ya, love and treat ya right.	28.	Ves: Quiero amarte, quiero amarte y tratarte, amarte y el tratarte, así es.
29.	I want to love you every day and every night,	29.	Quiero amarte cada día y cada noche,
30.	We'll be together, with a roof right over our heads!	30.	¡Estaremos juntos, con un techo sobre nuestras cabezas!
31.	We'll share the shelter, of my single bed,	31.	Vamos a compartir el refugio, de mi cama individual(sencilla),
32.	We'll share the same room, yeah!	32.	Vamos a compartir la misma habitación, ¡sí!
33.	Jah provide the bread.	33.	Jah provee el pan.
34.	We'll share the shelter, of my single bed	34.	Vamos a compartir el refugio, de mi cama individual (sencilla).

LESSON 10: SINGING TOGETHER

MORNINGS
Vicente Fernandez
https://www.youtube.com/watch?v=j11cQ9Lrx9Y

1. This is the morning song that King David used to sing. Today being the day of your saint, we sing it to you.
2. Wake up my dearest, wake up, see now that the day has dawned the sparrows are singing, the moon has finally set.
3. How lovely is this morning, when I come to greet you, we all come with joy and pleasure to congratulate you.
4. The very day you were born all the flowers first bloomed and in the baptismal font all the nightingales sang.
5. The dawn has come my darling, and the sunlight is here for us. Rise up and shine with the morning and you'll see that here's the dawn.
6. If I could give you the stars and a bright star to show you how much I love you. With jasmine and flowers I want to adorn this day.

Today being the day of your saint, we sing it to you

LAS MAÑANITAS
Vicente Fernández
https://www.youtube.com/watch?v=j11cQ9Lrx9Y

1. Estas son las mañanitas que cantaba el rey David. Hoy por ser día de tu santo, te las cantamos a ti.
2. Despierta mi bien, despierta, mira que ya amaneció ya los pajarillos cantan la luna ya se metió.
3. Qué linda está la mañana en que vengo a saludarte venimos todos con gusto y placer a felicitarte.
4. El día en que tú naciste nacieron todas las flores y en la pila del bautismo cantaron los ruiseñores
5. Ya viene amaneciendo, ya la luz del día nos dio. Levántate de mañana mira que ya amaneció .
6. Si yo pudiera bajarte las estrellas y un lucero para poder demostrarte lo mucho que yo te quiero. Con jazmines y flores este día quiero adornar.

Hoy por ser día de tu santo te venimos a cantar

LESSON 10: SINGING TOGETHER

English

Español

LESSON 10: SINGING TOGETHER

English

Español

LESSON 10: SINGING TOGETHER

English

Español

LESSON 10: SINGING TOGETHER

English

Español

WORD COUNT

875 Unique English Words in order of number of occurrences i.e. "you" occurs 167 times.

167 you, 128 I , 66 in, 59 your, 59 do, 56 have, 53 my, 51 with, 44 it, 42 how, 42 we, 39 this, 39 yes, 37 want, 34 no, 32 go, 29 am, 29 love, 27 one, 26 that, 24 ok, 24 make, 24 they, 23 he, 22 know, 21 conversation, 21 right, 21 lesson, 21 on, 20 she, 19 partner, 19 at, 19 me, 19 or, 19 name, 19 don't, 17 thank, 16 questions, 16 does, 16 what, 15 family, 15 work, 15 can, 14 from, 14 following, 14 law, 14 using, 14 like, 13 all, 13 about, 12 practice, 12 get, 12 there, 12 great, 12 day, 11 but, 11 life, 11 other, 11 see, 11 write, 11 ready, 11 please, 11 need, 11 would, 10 vocabulary, 10 has, 10 tips, 10 when, 10 hello, 10 our, 10 objective, 10 where, 10 question, 10 q, 10 mr, 10 mrs, 10 weather, 10 we'll, 9 yeah, 9 homework, 9 good, 9 place, 9 new, 9 not, 9 will, 9 meet, 9 phone, 9 call, 9 share, 9 now, 8 three, 8 nice, 8 up, 8 least, 8 more, 8 sister, 8 morning, 8 here, 8 so, 8 any, 8 class, 8 next, 8 ask, 8 learn, 8 her, 8 come, 8 perfect, 8 today, 8 there's, 8 take, 8 street, 7 brother, 7 then, 7 if, 7 left, 7 live, 7 too, 7 different, 7 many, 7 help, 7 verb, 7 use, 7 bye, 7 anything, 7 restaurant, 7 room, 7 thanks, 7 menu, 7 reservation, 7 numbers, 7 directions, 7 every, 6 nephew, 6 number, 6 down, 6 sentences, 6 create, 6 change, 6 sure, 6 us, 6 him, 6 simple, 6 check, 6 same, 6 minutes, 6 bring, 6 give, 6 may, 6 together, 6 let's, 6 was, 6 avenue, 6 instructions, 6 i'm, 5 children, 5 son, 5 ways, 5 time, 5 fine, 5 again, 5 which, 5 whose, 5 spanish, 5 coming, 5 own, 5 guys, 5 talk, 5 what's, 5 i'm, 5 order, 5 subject, 5 computer, 5 each, 5 boss, 5 going, 5 very, 5 something, 5 few, 5 mother, 5 else, 5 table, 5 learning, 5 think, 5 well, 5 father, 5 let, 5 two, 5 picnic, 5 answers, 5 old, 5 s, 5 denver, 5 gps, 5 treat, 4 them, 4 below, 4 five, 4 grandmother, 4 much, 4 those, 4 daughter, 4 switch, 4 years, 4 hi, 4 hard, 4 niece, 4 usually, 4 front, 4 welcome, 4 tree, 4 people, 4 brothers, 4 mom, 4 friends, 4 medium, 4 everything, 4 dad, 4 night, 4 ring, 4 view, 4 second, 4 first, 4 some, 4 words, 4 cold, 4 just, 4 really, 4 husband, 4 destination, 4 east, 4 wife, 4 mile, 4 shelter, 4 single, 4 bed, 4 feelin', 3 angelina, 3 sorry, 3 bieber, 3 who, 3 anonymous, 3 speak, 3 don, 3 t, 3 child, 3 tom, 3 siblings, 3 partners, 3 start, 3 answer, 3 hanks, 3 only, 3 grandchildren, 3 madonna, 3 meeting, 3 pet, 3 often, 3 english, 3 uncle, 3 robert, 3 list, 3 before, 3 justin, 3 friend, 3 glasses, 3 school, 3 de, 3 running, 3 late, 3 resume, 3 desk, 3 mouse, 3 niro, 3 light, 3 always, 3 marilyn, 3 countries, 3 dessert, 3 pretend, 3 server, 3 ice, 3 best, 3 follow, 3 monroe, 3 back, 3 after, 3 house, 3 their, 3 could, 3 been, 3 add, 3 being, 3 read, 3 calling, 3 remember, 3 agree, 3 language, 3 hiking, 3 these, 3 things, 3 rainbow, 3 should, 3 kind, 3 also, 3 blocks, 3 west, 3 b, 3 address, 3 sisters, 3 co, 3 ordinal, 3 able, 3 commands, 3 examples, 3 verbs, 3 yourself, 3 singing, 3 roof, 3 over, 3 heads, 3 jah, 3 provide, 3 bread, 3 got, 3 oh, 3 ya, 3 sing, 2 godson, 2 statement, 2 describe, 2 introduce, 2 position, 2 mentioned, 2 pictures, 2 juanita, 2 ashley, 2 busy, 2 goddaughter, 2 works, 2 doesn't, 2 nearby, 2 far, 2 pencil, 2 wear, 2 introducing, 2 pick, 2 kids, 2 godmother, 2 library, 2 mirror, 2 drink, 2 crazy, 2 according, 2 did, 2 save, 2 cents, 2 customer, 2 roles, 2 mexican, 2 changes, 2 restaurants, 2 latino, 2 i'll, 2 lot, 2 sopapillas, 2 gorditas, 2 options, 2 salad, 2 an, 2 rare, 2 spaces, 2 married, 2 set, 2 play, 2 information, 2 cream, 2 food, 2 soul, 2 imagine, 2 making, 2 creative, 2 try, 2 grandfather, 2 star, 2 hotel, 2 thing, 2 doing, 2 availability, 2 couple, 2 suites, 2 available, 2 mountains, 2 prefer, 2 card, 2 afraid, 2 express, 2 confirm, 2 reserved, 2 date, 2 m, 2 times, 2 fears, 2 forever, 2 free, 2 prepared, 2 means, 2 stepfather, 2 week, 2 having, 2 wait, 2 experience, 2 picnicking, 2 talking, 2 sunny, 2 cloudy, 2 foggy, 2 snow, 2 wind, 2 asking, 2 than, 2 warm, 2 chance, 2 rain, 2 flurries, 2 fall, 2 grandson, 2 stepmother, 2 yesterday, 2 park, 2 degrees, 2 way, 2 activity, 2 cool, 2 it's, 2 maybe, 2 ten, 2 block, 2 granddaughter, 2 north, 2 south, 2 working, 2 soon, 2 cousin, 2 bus, 2 drive, 2 walk, 2 places, 2 cardinal, 2 streets, 2 used, 2 aunt, 2 item, 2 step, 2 equal, 2 turn, 2 onto, 2 half, 2 show, 2 job, 2 wh, 2 makes, 2 ourselves, 2 ham, 2 tomato, 2 onion, 2 end, 2 story, 2 https, 2 www, 2 youtube, 2 com, 2 watch, 2 v, 2 fill, 2 improve, 2 form, 2 why, 2 spouse, 2 describing, 2 willing, 2 throw, 2 cards, 2 sentence, 2 godfather, 2 saint, 2 wake, 2 flowers, 2 dawn, 1 his, 1 coworker, 1 weekend, 1 gum, 1 chosen, 1 canada, 1 frank, 1 tuesday, 1 sweets, 1 boxes, 1 construction, 1 needed, 1 spreading, 1 sea, 1 housewife, 1 ohana, 1 candle, 1 reflects, 1 edith, 1 wharton, 1 topic, 1 oldest, 1 creating, 1 car, 1 office, 1 comoros, 1 d, 1 y, 1 tables, 1 spots, 1 seats, 1 twice, 1 pronounce, 1 reservations, 1 fight, 1 happy, 1 you'll, 1 battle, 1 pretty, 1 face, 1 hispanic, 1 lucas, 1 jonkman, 1 getting, 1 parents, 1 exchange, 1 greetings, 1 knowledge, 1 beginning, 1 materials, 1 nobody, 1 gets, 1 subjects, 1 intro, 1 phrase, 1 slowly, 1 native, 1 represent, 1 say, 1 repeat, 1 finish, 1 waiting, 1 process, 1 hunter, 1 during, 1 rest, 1 australia, 1 grandparents, 1 till, 1 human, 1 temperature, 1 forecast, 1 buy, 1 resources, 1 raining, 1 snowing, 1 ones, 1 intelligence, 1 blizzard, 1 storm, 1 lots, 1 party, 1 germany, 1 breeze, 1 called, 1 spell, 1 period, 1 colder, 1 obvious, 1 average, 1 problem, 1 choose, 1 affirmative, 1 frost, 1 crystals, 1 frozen, 1 surface, 1 keep, 1 seated, 1 tornado, 1 josé, 1 beautiful, 1 lessons, 1 rudy, 1 taking, 1 rains, 1 chilly, 1 serious, 1 hotter, 1 care, 1 freezing, 1 behind, 1 noon, 1 maria, 1 partly, 1 water, 1 hmm, 1 aunts, 1 backyard, 1 windy, 1 plenty, 1 sun, 1 sixty, 1 nothing, 1 seventy, 1 away, 1 humid, 1 outdoor, 1 profession, 1 belly, 1 can't, 1 asked, 1 drizzling, 1 mild, 1 moment, 1 pouring, 1 blanks, 1 even, 1 location, 1 cell, 1 match, 1 wherever, 1 whatever, 1 sunshine, 1 we're, 1 está, 1 hace, 1 es, 1 hay, 1 estamos, 1 useful, 1 expressions, 1 group, 1 receive, 1 uncles, 1 cousins, 1 forgotten, 1 around, 1 omit, 1 four, 1 dialog, 1 lilo, 1 stitch, 1 spouse's, 1 corner, 1 lincoln, 1 either, 1 hmmm, 1 uses, 1 movie, 1 excuse, 1 looking, 1 france, 1 another, 1 colorado, 1 yet, 1 suggest, 1 sister's, 1 fajita, 1 wears, 1 chimichanga, 1 ll, 1 put, 1 laws, 1 stop, 1 find, 1 addresses, 1 teacher, 1 bike, 1 hamburger, 1 congo, 1 spicy, 1 named, 1 expressed, 1 as, 1 third, 1 etc, 1 six, 1 seven, 1 pronouncing, 1 salsa, 1 specially, 1 york, 1 italy, 1 skills, 1 art, 1 museum, 1 routes, 1 tell, 1 steps, 1 cooked, 1 understand, 1 mother's, 1 personal, 1 embalmer, 1 pen, 1 book, 1 hide, 1 attend, 1 guide, 1 hid, 1 part, 1 aren't, 1 recognize, 1 happen, 1 done, 1 burnt, 1 colfax, 1 models, 1 continue, 1 straight, 1 classroom, 1 smartphone, 1 tasting, 1 becky, 1 home, 1 failure, 1 never, 1 overtake, 1 determination, 1 succeed, 1 strong, 1 enough, 1 og, 1 mandino, 1 application, 1 target, 1 hear, 1 above, 1 sharelingo, 1 common, 1 dancer, 1 similar, 1 goes, 1 pets, 1 wants, 1 hey, 1 billy, 1 silverware, 1 sandwich, 1 excellent, 1 connection, 1 course, 1 basket, 1 plates, 1 napkins, 1 drinks, 1 jimmy, 1 sandra, 1 twins, 1 sick, 1 that's, 1 bad, 1 enjoy, 1 connect, 1 attached, 1 activities, 1 might, 1 factory, 1 exercises, 1 almost, 1 members, 1 store, 1 once, 1 cakes, 1 dinners, 1 apply, 1 better, 1 dancing, 1 hot, 1 days, 1 chores, 1 thinking, 1 photos, 1 moles, 1 chickens, 1 holes, 1 pickin, 1 pedro, 1 juan, 1 diego, 1 afternoon, 1 someone, 1 cloud, 1 maya, 1 angelou, 1 practiced, 1 person, 1 pronunciation, 1 fun, 1 bob, 1 marley, 1 present, 1 orders, 1 suriname, 1 kinds, 1 cooking, 1 made, 1 ef, 4, 1 provides, 1 morocco, 1 student, 1 alaska, 1 forming, 1 others, 1 long, 1 building, 1 strangers, 1 based, 1 example, 1 including, 1 favorite, 1 contains, 1 appetizers, 1 lunch, 1 taster, 1 head, 1 whoa, 1 simply, 1 mornings, 1 vicente, 1 fernandez, 1 j, 1, 1cq, 9lrx, 9y, 1 song, 1 that , 1 king, 1 david , 1 glad, 1 buster, 1 ride, 1 dearest, 1 dawned, 1 sparrows, 1 moon, 1 finally, 1 lovely, 1 greet, 1 joy, 1 pleasure, 1 congratulate, 1 were, 1 born, 1 because, 1 bloomed, 1 baptismal, 1 font, 1 nightingales, 1 sang, 1 bicycle, 1 darling, 1 sunlight, 1 rise, 1 shine, 1 you'll, 1 here's, 1 stars, 1 bright, 1 jasmine, 1 adorn, 1 music, 1 gives, 1 universe, 1 wings, 1 mind, 1 flight, 1 imagination, 1 plato

WORD COUNT

1069 Unique English Words in order of number of occurrences i.e. "la" occurs 129 times.

129 la, 123 de, 86 y, 74 el, 70 enf, 70 no, 66 es, 66 que, 62 para, 53 un, 48 sí, 48 con, 47 tu, 41 mi, 39 las, 36 bien, 35 una, 35 los, 31 yo, 27 está, 27 quiero, 25 gracias, 22 compañero, 21 me, 21 por, 21 ella, 21 esto, 20 qué, 20 al, 19 cómo, 18 o, 18 conversación, 18 amor, 17 se, 17 hacer, 17 día, 17 hay, 16 nombre, 16 ellos, 15 tengo, 15 lo, 15 soy, 15 preguntas, 15 vamos, 14 lección, 14 le, 13 pero, 13 ir, 13 ya, 13 bueno, 13 aprender, 13 muy, 13 b, 12 del, 12 tiene, 12 más, 12 te, 12 estás, 11 tú, 11 vida, 11 familia, 11 lugar, 11 usando, 11 pregunta, 11 nosotros, 10 vocabulario, 10 hasta, 10 claves, 10 tarea, 10 cada, 10 objetivo, 10 son, 10 mis, 10 si, 10 su, 10 r, 10 p, 10 hace, 10 sr, 10 sra, 10 amarte, 9 clase, 9 hola, 9 estoy, 9 gusto, 9 dónde, 9 tus, 9 tenemos, 9 llamada, 9 tienes, 8 tres, 8 días, 8 menos, 8 esta, 8 luego, 8 escribe, 8 este, 8 trabajo, 8 nos, 8 trabaja, 8 juntos, 8 algo, 8 sé, 8 compartir, 8 favor, 8 calle, 8 ahora, 7 dos, 7 hermana, 7 hijos, 7 están, 7 siguiente, 7 izquierda, 7 crea, 7 puede, 7 quieres, 7 mucho, 7 restaurante, 7 perfecto, 7 leccion, 7 clima, 7 sobre, 6 cuando, 6 personas, 6 practica, 6 oraciones, 6 hermanos, 6 hijo, 6 cambia, 6 número, 6 cuántos, 6 años, 6 quién, 6 cuál, 6 usted, 6 acá, 6 verbo, 6 ser, 6 hoy, 6 reservación, 6 números, 6 instrucciones, 6 saber, 5 hermano, 5 sobrino, 5 madre, 5 buenos, 5 siempre, 5 respuestas, 5 abajo, 5 eres, 5 inglés, 5 claro, 5 puedo, 5 ayudar, 5 también,

5 solo, 5 jefe, 5 usa, 5 listo, 5 van, 5 llamo, 5 tiempo, 5 menú, 5 quiere, 5 todo, 5 teléfono, 5 derecha, 5 avenida, 5 denver, 5 gps, 5 direcciones, 5 llegar, 5 hacen, 5 tratarte, 4 conoces, 4 padre, 4 esposo, 4 esposa, 4 has, 4 abuela, 4 nuevo, 4 amigos, 4 conmigo, 4 tienen, 4 lista, 4 todos, 4 cualquier, 4 diferentes, 4 cinco, 4 frente, 4 cuáles, 4 habla, 4 ha, 4 nueva, 4 sujeto, 4 conozco, 4 uno, 4 necesitan, 4 desean, 4 tomar, 4 imagina, 4 buenas, 4 mejor, 4 va, 4 minutos, 4 casa, 4 mesa, 4 unos, 4 creo, 4 estamos, 4 siento, 4 mismo, 4 tal, 4 noche, 4 maneras, 4 ring, 4 permítame, 4 vista, 4 habitación, 4 palabras, 4 campo, 4 indicaciones, 4 dobla, 4 destino, 4 nuestras, 4 milla, 4 vosotros, 4 refugio, 4 cama, 4 individual, 4 sencilla, 3 hanks, 3 espacios, 3 conversacion, 3 ti, 3 nuevas, 3 acuerdo, 3 según, 3 necesitas, 3 mamá, 3 ejemplos, 3 cónyuge, 3 próxima, 3 sobrina, 3 cuánto, 3 as, 3 cuándo, 3 hablas, 3 placer, 3 empieza, 3 tener, 3 vives, 3 ustedes, 3 necesita, 3 reunión, 3 simple, 3 estar, 3 papá, 3 i, 3 mira, 3 antes, 3 trabajamos, 3 monroe, 3 amiga, 3 viven, 3 llevar, 3 helado, 3 nada, 3 anteojos, 3 asisten, 3 escuela, 3 correcto, 3 gusta, 3 escritorio, 3 lado, 3 ratón, 3 computadora, 3 jefa, 3 traer, 3 listos, 3 países, 3 madonna, 3 algún, 3 postre, 3 mesero, 3 nietos, 3 tardes, 3 mascota, 3 voy, 3 regreso, 3 después, 3 angelina, 3 robert, 3 nuestra, 3 mío, 3 entonces, 3 responder, 3 describir, 3 par, 3 cuenta, 3 telefónica, 3 hablar, 3 semana, 3 justin, 3 bieber, 3 anónimo, 3 revisar, 3 otra, 3 segundo, 3 otros, 3 ok, 3 primero, 3 todas, 3 practiquemos, 3 idioma, 3 sus, 3 caminata, 3 nieve, 3 arco, 3 iris, 3 poco, 3 mañana, 3 picnic, 3 donde, 3 entender, 3 toma, 3 queda, 3 oeste, 3 otro, 3 co, 3 ordinales, 3 mandatos, 3 cosas, 3 niro, 3 media, 3 verbos, 3 hago, 3 marilyn, 3 tío, 3 estaremos, 3 techo, 3 cabezas, 3 tom, 3 misma, 3 jah, 3 provee, 3 pan, 3 así, 3 oh, 2 correcta, 2 suegra, 2 otras, 2 pronto, 2 viene, 2 menudo, 2 formar, 2 suegro, 2 it, 2 hermanas, 2 español, 2 frase, 2 afirmativa, 2 juanita, 2 ahijado, 2 ashley, 2 encuentra, 2 ocupado, 2 genial, 2 practiquen, 2 cerca, 2 lejos, 2 contigo, 2 lápiz, 2 ahijada, 2 agrega, 2 cambios, 2 necesitamos, 2 formas, 2 tarde, 2 atrasados, 2 significa, 2 curriculum, 2 vitae, 2 llena, 2 loca, 2 biblioteca, 2 luz, 2 nieto, 2 pedido, 2 usualmente, 2 presentándote, 2 nieta, 2 cliente, 2 roles, 2 hija, 2 grupo, 2 vemos, 2 frases, 2 latinos, 2 adiós, 2 fotos, 2 conocerte, 2 sopapillas, 2 gorditas, 2 opciones, 2 genealógico, 2 ensalada, 2 medio, 2 cocida, 2 dijiste, 2 alma, 2 propio, 2 estos, 2 haz, 2 hotel, 2 estrellas, 2 servir, 2 quiénes, 2 cuántas, 2 disponibilidad, 2 habitaciones, 2 disponibles, 2 padrastro, 2 montañas, 2 prefiere, 2 tarjeta, 2 cargamos, 2 decir, 2 seguro, 2 confirmo, 2 reservado, 2 pueda, 2 deseo, 2 llamas, 2 propia, 2 hagan, 2 miedos, 2 libre, 2 compañeros, 2 quiéres, 2 acuerden, 2 verte, 2 algunas, 2 somos, 2 ver, 2 espere, 2 experiencia, 2 padrino, 2 dia, 2 mejores, 2 soleado, 2 nublado, 2 brumoso, 2 hablo, 2 viento, 2 frío, 2 cálido, 2 lluvia, 2 madrina, 2 espejo, 2 serio, 2 ayer, 2 estuvo, 2 parque, 2 hagamos, 2 nuestro, 2 demasiado, 2 sol, 2 grados, 2 actividades, 2 ves, 2 quizá, 2 e, 2 dedicas, 2 importa, 2 diez, 2 madrastra, 2 expresar, 2 cuadras, 2 vivo, 2 familiar, 2 cuesta, 2 muchos, 2 norte, 2 sur, 2 dirección, 2 centavos, 2 llego, 2 bus, 2 primo, 2 podemos, 2 prima, 2 sigue, 2 poder, 2 esas, 2 objeto, 2 ese, 2 paso, 2 cuadra, 2 siguientes, 2 esa, 2 dale, 2 vas, 2 querer, 2 aquí, 2 escoge, 2 hacemos, 2 haces, 2 tía, 2 quieren, 2 eso, 2 vámonos, 2 jamón, 2 tomate, 2 cebolla, 2 comida, 2 historia, 2 estas, 2 cantando, 2 https, 2 www, 2 youtube, 2 com, 2 watch, 2 v, 2 lamento, 2 abuelo, 2 cuñada, 2 cuñado, 2 dispuesto, 2 capaz, 2 echo, 2 cartas, 2 mañanitas, 2 santo, 2 despierta, 2 amaneció, 2 venimos, 2 flores, 1 redacta, 1 acerca, 1 llegamos, 1 tampoco, 1 pena, 1 ah, 1 becky, 1 obvio, 1 abuelos, 1 mencionado, 1 mirar, 1 sugiero, 1 cuadros, 1 fajita, 1 chimichanga, 1 hamburguesa, 1 salsa, 1 picante, 1 omitir, 1 trae, 1 punto, 1 josé, 1 delicioso, 1 podría, 1 conchita, 1 cubiertos, 1 inventa, 1 venir, 1 tengan, 1 feliz, 1 bienvenido, 1 adjunto, 1 jugar, 1 pon, 1 difícil, 1 haciéndole, 1 tipo, 1 cocinar, 1 cuñados, 1 alimenta, 1 catador, 1 diálogo, 1 incluyendo, 1 aperitivos, 1 almuerzo, 1 favoritos, 1 ordenar, 1 recordar, 1 don, 1 haciendo, 1 reservacion, 1 vientre, 1 crear, 1 encantaría, 1 construcción, 1 porque, 1 sobrinos, 1 pasado, 1 conocerlo, 1 conocerle, 1 fin, 1 pronúncialos, 1 volverte, 1 canadá, 1 representarte, 1 tíos, 1 padres, 1 oficina, 1 seguido, 1 suele, 1 asistir, 1 presente, 1 quines, 1 mar, 1 sería, 1 primos, 1 vez, 1 embalsamador, 1 casas, 1 mexican, 1 express, 1 comoro, 1 humanos, 1 cuñadas, 1 felices, 1 conocemos, 1 conocen, 1 buen, 1 necesito, 1 conexión, 1 integrante, 1 carro, 1 u, 1 fecha, 1 d, 1 m, 1 mesas, 1 espacio, 1 sillas, 1 veces, 1 reservaciones, 1 lucha, 1 contra, 1 persona, 1 estarás, 1 batalla, 1 enfréntate, 1 serás, 1 vienen, 1 lucas, 1 jonkman, 1 llama, 1 lecciones, 1 recuerda, 1 preparado, 1 intercambien, 1 propias, 1 telefónicos, 1 quienes, 1 hora, 1 llamar, 1 suegros, 1 prepárense, 1 materiales, 1 mano, 1 practicar, 1 contenga, 1 parte, 1 yerno, 1 pónganse, 1 segunda, 1 introducción, 1 llamando, 1 mascotas, 1 leer, 1 lea, 1 lentamente, 1 encuentro, 1 nativo, 1 ohana, 1 repita, 1 ayúdele, 1 mejorar, 1 termine, 1 esperaré, 1 sigan, 1 proceso, 1 comparta, 1 marruecos, 1 resto, 1 mil, 1 australia, 1 presentarse, 1 saludar, 1 tengas, 1 diferencia, 1 entre, 1 escogiste, 1 temperatura, 1 pronostico, 1 hijastro, 1 simplemente, 1 lloviendo, 1 nevando, 1 cambiar, 1 tormenta, 1 orden, 1 nadie, 1 briza, 1 ola, 1 hijastra, 1 tuyo, 1 deja, 1 hielo, 1 delgados, 1 copos, 1 tornado, 1 atrás, 1 ayudarme, 1 lindo, 1 deberíamos, 1 olvida, 1 camino, 1 llueva, 1 fresco, 1 ejemplo, 1 calor, 1 despedirse, 1 afirmación, 1 estudiante, 1 llevo, 1 frio, 1 bicicleta, 1 alemania, 1 caza, 1 jardín, 1 mantén, 1 veo, 1 sesenta, 1 chicle, 1 como, 1 setenta, 1 húmedo, 1 gran, 1 frank, 1 aire, 1 rico, 1 trabajas, 1 lloviznando, 1 tibio, 1 momento, 1 caer, 1 chaparrón, 1 martes, 1 probabilidades, 1 gustan, 1 incluso, 1 copitos, 1 podamos, 1 hazle, 1 dulces, 1 debe, 1 estado, 1 ciudad, 1 inventarse, 1 relaciona, 1 imágenes, 1 fuertes, 1 ama, 1 vayas, 1 existen, 1 there, 1 expresiones, 1 debería, 1 compártelas, 1 dar, 1 recibir, 1 talentos, 1 do, 1 dice, 1 francia, 1 vuelta, 1 manzana, 1 anda, 1 ve, 1 avanza, 1 cuatro, 1 vela, 1 refleja, 1 edith, 1 preocupes, 1 wharton, 1 pelicula, 1 bailarina, 1 esquina, 1 lincoln, 1 simples, 1 juntas, 1 conecta, 1 disculpe, 1 buscando, 1 colorado, 1 pueden, 1 relacionarse, 1 comprar, 1 tema, 1 allá, 1 puedes, 1 perdón, 1 manejar, 1 caminar, 1 pongo, 1 disculpas, 1 pare, 1 hablando, 1 encuentras, 1 nuera, 1 llegas, 1 lugares, 1 usas, 1 caminas, 1 manejas,

WORD COUNT

1 andas, 1 bici, 1 tomas, 1 numeros, 1 cardinales, 1 esos, 1 calles, 1 nombran, 1 expresan, 1 tercero, 1 etc, 1 cardinal, 1 seis, 1 siete, 1 pronunciar, 1 usan, 1 especialmente, 1 york, 1 avenue, 1 alaska, 1 inicio, 1 utilizar, 1 casado, 1 habilidades, 1 nuestros, 1 lilo, 1 art, 1 museum, 1 cuyo, 1 rutas, 1 indícale, 1 pasos, 1 elige, 1 necesario, 1 stitch, 1 uso, 1 hispanos, 1 personal, 1 pluma, 1 libro, 1 escóndelo, 1 salón, 1 siguiendo, 1 guía, 1 escondiste, 1 tías, 1 igual, 1 surinam, 1 fue, 1 you, 1 we, 1 hacía, 1 colfax, 1 vienes, 1 derecho, 1 hacia, 1 maneja, 1 actividad, 1 supongamos, 1 equivale, 1 sala, 1 antecedentes, 1 mostrarle, 1 or, 1 fracasos, 1 jamás, 1 adelatarán, 1 determinación, 1 triunfar, 1 suficientemente, 1 fuerte, 1 og, 1 mandino, 1 aplicación, 1 escuchas, 1 mencionados, 1 arriba, 1 recuerdes, 1 apuntas, 1 desde, 1 sharelingo, 1 pídele, 1 escriba, 1 próximo, 1 comunes, 1 cambien, 1 juegas, 1 similares, 1 they, 1 vais, 1 describiendo, 1 mejora, 1 bienvenidos, 1 hacéis, 1 does, 1 tenéis, 1 queremos, 1 queréis, 1 americano, 1 oye, 1 momentos, 1 libres, 1 billy, 1 sujetos, 1 acompañarnos, 1 solos, 1 parece, 1 preparo, 1 podrías, 1 hablamos, 1 sándwich, 1 hiciste, 1 he, 1 she, 1 súper, 1 congo, 1 canasta, 1 platos, 1 servilletas, 1 bebidas, 1 jimmy, 1 sandra, 1 muchas, 1 gemelos, 1 mal, 1 disfrutemos, 1 terminarías, 1 italia, 1 oración, 1 terminar, 1 diferente, 1 manera, 1 creativo, 1 cuales, 1 genta, 1 haría, 1 unas, 1 fábrica, 1 ejercicios, 1 casi, 1 tienda, 1 otoño, 1 tortas, 1 cenas, 1 aplicamos, 1 bailar, 1 climas, 1 calurosos, 1 tareas, 1 pensando, 1 síganme, 1 pensar, 1 tiempos, 1 topos, 1 pollos, 1 hoyos, 1 pedro, 1 juan, 1 diego, 1 intenta, 1 nube, 1 alguien, 1 maya, 1 angelou, 1 nuevos, 1 practicamos, 1 tradicionalmente, 1 trabajar, 1 pronunciación, 1 divirtiéndose, 1 bob, 1 marley, 1 restaurantes, 1 respuesta, 1 esperar, 1 sentado, 1 rudy, 1 colócale, 1 ef4, 1 profesión, 1 atenderlos, 1 miembros, 1 inteligencia, 1 maestro, 1 agua, 1 mayor, 1 mí, 1 información, 1 creativas, 1 busca, 1 obtener, 1 mismas, 1 pasan, 1 alegra, 1 prepárate, 1 conocimiento, 1 sido, 1 presentarlo, 1 lee, 1 sintiendo, 1 whoa, 1 posición, 1 vicente, 1 fernández, 1 j11cq9lrx9y, 1 cantaba , 1 rey, 1 david, 1 díganme, 1 cantamos, 1 les, 1 provoca, 1 pajarillos, 1 cantan, 1 luna, 1 metió, 1 linda, 1 vengo, 1 saludarte, 1 trabajando, 1 felicitarte, 1 naciste, 1 nacieron, 1 buster, 1 pila, 1 bautismo, 1 cantaron, 1 ruiseñores, 1 amaneciendo, 1 dio, 1 levántate, 1 pudiera, 1 bajarte, 1 lucero, 1 demostrarte, 1 jazmines, 1 adornar, 1 cantar, 1 música, 1 da, 1 universo, 1 alas, 1 mente, 1 vuelo, 1 imaginación, 1 platón

www.ingramcontent.com/pod-product-compliance
Lightning Source LLC
Chambersburg PA
CBHW041959150426
43194CB00002B/65